实证教学

高中物理典型错题诊断与纠正

何文明　主编

浙江教育出版社·杭州

序　言

　　《普通高中物理课程标准（2017年版2020年修订）》（以下简称"课程标准"）实施以来，高中物理教师为践行课程标准理念做了不懈的努力。在教学过程中，尤其是在新课教学中，教师们积极转变教学观念、改变教学方式，以教为中心向以学为中心转化的教学模式促进了学生核心素养的形成和发展。然而，整个教学过程中始终存在一个难点问题有待突破和解决。教师们普遍意识到，高三复习教学中存在素养目标不清晰、解题任务重、复习时间紧的问题，"讲题、做题、考题"成为被人诟病却又难以回避的教学模式。复习课作为高中物理教学中的重要环节，如何实现提升学生核心素养的目标？突破口在哪里？

　　将学生的问题解决过程与专家的问题解决过程相比较，可以发现两者既有相似之处，也存在差异。这些差异之处通常会以"错误"的形式表现出来。错误既是学生素养结构缺陷的反映，也是完善素养要素的宝贵资源，是学生从新手向能手、高手转变时需要认真面对和解决的问题。

　　那么，教师该如何面对学生的错误？一些教师面对学生的错误时，常常是将自己得出正确结果的求解过程呈现给学生。这一方法虽然展示了公式的联立和运算过程，却忽视了面对真实问题时在头脑中展开的复杂思维过程。这导致很多学生虽然能够认同教师的解法，但仍然会产生"自己为什么想不到"的困惑。

　　其实，教学和诊疗有相通之处。医生在就诊时通过问诊、检查、分析病因和病理之后对症下药，并通过复诊和回访判断疗效；而教师在教学中面对学生的错误时，也应通过诊断把握学生的认知水平和素养水平，选择针对性的活动进行弥补教学，并运用新的情境对学生的学习效果进行检测和评估。

　　杭州市富阳区的何文明老师及其团队开展了"高中物理典型错题诊断与纠

正"的系列研究，并在区域层面进行了课堂教学实践，取得了一定的成效。本书以教学案例的形式展示了他们的研究成果。以下内容不仅是他们研究的指导原则，也是他们研究成果的提炼，体现了本书的立意和特色。

诊断题需简洁、难度适中、指向明确，能反映多数学生的核心素养水平以及学习中存在的困难。为更好地体现学生的思维过程，诊断题一般以解答题形式呈现。

从学生的解答中归纳出若干错误，错误类型不宜过多，应聚焦于学生普遍存在的问题或典型性错误。这也是教学中需要将其作为重点和中心内容并予以突破的部分。

针对学生典型错误进行访谈，访谈要有针对性，要能够体现学生的思考过程。通过问题的引导，揭示学生的思维过程，并分析学生出现错误的原因。

以优秀解答为蓝本，追踪学生正确解答的思维过程，对比错误解答和正确解答的思维差异，帮助学生制订素养目标。

针对错误类型制订相应的学习任务，通过情境引入、问题引导、活动探究等环节纠正错误，帮助学生提升素养水平。

对学习结果进行反思，提炼出解决问题的程序、方法及结论，特别关注其中的易错点，并以此为基础解决新的问题。

运用新的情境检测学生的学习成效，要求学生解决问题的观念、方法和策略与本节内容高度相关。

书中的教学案例经历了师生对话、教师研究、教学设计、实际试教和修改的过程，是一种基于实证的教学研究案例。这些案例不同于教师凭经验和习惯进行教学的传统做法，而是基于错误诊断和弥补的教学设计。该教学设计强调学习目标的针对性、学习活动的准确性和教学评价的精确性。我十分相信并期待，这样的研究和实践能够提升高中物理教学试卷讲评和微专题教学设计的水平，为提高学生的科学素养提供高效的路径和有益的借鉴。

浙江省教育厅教研室原高中物理教研员　　梁旭

目　　录

与数形结合相关的运动图像问题

杭州市富阳区江南中学　李娜

诊断题目

汽车在平直公路上行驶，某时刻关闭发动机，此后的 $\frac{x}{t}-t$ 图像如图1所示，求关闭发动机后汽车的位移大小。

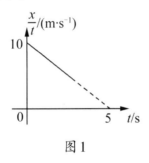

图1

参考答案

解：已知汽车关闭发动机后做匀减速直线运动，应有 $x = v_0 t - \frac{1}{2}at^2$，为了构建出 $\frac{x}{t}$ 的函数形式，将等号两边同时除以时间 t，得到 $\frac{x}{t} = v_0 - \frac{1}{2}at$ 的函数关系，所以 $\frac{x}{t}-t$ 图像的斜率 $k = -\frac{1}{2}a$，纵坐标截距表示 $t = 0$ 时刻的初速度 v_0，可知汽车做初速度为 10 m/s，加速度为 4 m/s² 的匀减速直线运动，再由 $x = \frac{v_0^2}{2a}$，有 $x = 12.5$ m。

图像纵坐标对应的物理意义是汽车减速过程的平均速度，而非瞬时速度，所以不能用图像与坐标轴所围面积表示位移。图中虚线对应的是前面用实线表示的实际运动的 $\frac{x}{t}-t$ 图像的延长线，并不是真实运动过程中的平均速度—时间关系，故不可以用与横坐标的交点 $t = 5$ s 来判断汽车的运动时间。

二 典型错误

（一）错误类型一

由图像得函数关系 $\frac{x}{t} = -2t + 10$，

所以 $\frac{x}{t}$-t 图像与 $v = v_0 + at$ 对应，则有纵轴截距为 $v_0 = 10\ \mathrm{m/s}$，

斜率为 $a = -2\ \mathrm{m/s^2}$。

根据图像与坐标轴围成的面积可得

$x = \frac{1}{2} \times 5 \times 10\ \mathrm{m} = 25\ \mathrm{m}$。

> 没有弄清楚纵坐标的物理意义，将 $\frac{x}{t}$-t 图像直接处理成 v-t 图像。

（二）错误类型二

由 $x = v_0 t - \frac{1}{2} at^2$，得 $\frac{x}{t} = v_0 - \frac{a}{2} t$，

又因为图像斜率为 $k = -2$，

所以 $-\frac{a}{2} = -2$，即 $a = 4\ \mathrm{m/s^2}$，$v_0 = 10\ \mathrm{m/s}$。

因此汽车做 $v_0 = 10\ \mathrm{m/s}$，$a = 4\ \mathrm{m/s^2}$ 的匀减速运动。

但根据图像 $t = 5\ \mathrm{s}$ 时，$v = 0\ \mathrm{m/s}$，应该有 $v_0 = 20\ \mathrm{m/s}$，

得出自相矛盾的结论。

> 1. 没有弄清楚纵坐标的物理意义，将 $\frac{x}{t}$-t 图像直接处理成 v-t 图像。
> 2. 没有用物理规律找到表达式与图像和真实运动情境之间的关联，将图像与横坐标交点误认为运动时间。

三 错误探析

（一）错误类型一访谈

师：你为什么会认为 $\frac{x}{t}$-t 图像的斜率表示加速度，图像与坐标围成的面积表示位移？

生：速度公式为 $v = \frac{x}{t}$，所以 $\frac{x}{t}$-t 图像就是 v-t 图像，v-t 图像的斜率表示加速度，面积表示位移。

师：v-t 图像和 $\frac{x}{t}$-t 图像的横纵坐标分别是什么物理量？

生：我明白了。v-t 图像是瞬时速度—时间关系，$\frac{x}{t}$-t 图像是平均速度—

时间关系，两者不一样。微元法分割 $v-t$ 图像，再将每一小段时间内的位移加起来，得到的图像面积表示位移。而 $\frac{x}{t}-t$ 图像没有累积的意思，应该是对应的横纵坐标的乘积表示位移。

该学生在学习过程中尚未形成数形结合的意识。对于图像问题，首先应明确横纵坐标所表示的物理量及其物理意义，然后找到横纵坐标之间的物理关系，这可能是运动学关系、牛顿运动定律关系、动能定理或动量定理的关系，抑或是闭合电路欧姆定律等。在明确物理关系之后，再将它与图像的函数关系式进行对比，找出截距、斜率、面积的物理意义。

（二）错误类型二访谈

师： 你怎么理解横坐标截距为 $5\,s$？

生： 当 $\frac{x}{t}=0$ 时，$t=5\,s$，我认为是 $t=5\,s$ 时汽车停止运动。但是这跟我用数形结合找到的初速度 $10\,m/s$，加速度 $-4\,m/s^2$，只要 $2.5\,s$ 停止运动的结果相矛盾。因此，我不能理解。

师： $\frac{x}{t}$ 是什么物理量？

生： 是平均速度。所以 $5\,s$ 的运动过程中位移除以时间是不可能为 0 的，或者说物体停止运动前的 $\frac{x}{t}-t$ 图像与停止运动后的图像不是同一条，停止前是一条直线，停止运动以后，总位移不变，但是时间逐渐延长，所以应该是一条无限接近 0 的曲线。因此，图中的虚线部分并不是真实的运动过程，只是前面图像的延长线而已。

该学生没有认识到这段虚线并非汽车真实的运动情况，只能算是前段运动过程中 $\frac{x}{t}-t$ 关系的反向延长线。从函数关系来说是 $t=\frac{2v_0}{a}$，但实际上平均速度随时间延长只能无限趋近于零。

（四）素养目标

与正确解答的同学交谈，了解他们的思维过程。

师： 在解决这个问题的时候，你是如何考虑的呢？

生：首先，了解图像中横纵坐标所对应物理量的意义。这个题目是关于汽车关闭发动机后的位移—时间关系，有 $x = v_0 t - \frac{1}{2} a t^2$，两边同时除以 t，得到了 $\frac{x}{t} = v_0 - \frac{1}{2} a t$ 的表达式。分析清楚横坐标代表的是运动时间，纵坐标是位移除以时间，即平均速度。根据函数关系式与物理关系式的对比，得出初速度和加速度分别为 10 m/s 和 -4 m/s^2，然后根据这个初速度和加速度计算位移。

根据出错同学的素养水平确定教学起点，以求解正确同学的素养构成为蓝本，明确出错同学已有的素养水平和素养目标间的差距，设定本节内容的素养目标如下：

1. 认识到在图像问题中分析横纵坐标物理意义的重要性，并逐渐养成分析横纵坐标物理意义的习惯。

2. 通过对不同图像的分析，提升利用数形结合解决问题的能力。

3. 知道在利用物理规律写表达式的过程中，表达式要与坐标轴的物理量及图像相对应，并符合物体的真实运动情况。

五 纠正过程

任务1：结合运动情境，根据物理原理，写出数学表达式

问题情境：一物块在粗糙水平面上以某一速度沿直线自由滑行的 $\frac{x}{t^2} - \frac{1}{t}$ 图像如图2所示。

问题和活动1：分析图2中横纵坐标的物理意义。

问题和活动2：利用物理规律写出横纵坐标物理量之间的关系式。

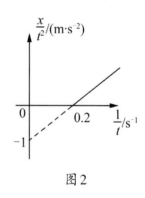

图2

任务2：根据图像分析物体的运动状态

问题情境：一辆汽车在平直公路上行驶，某时刻司机发现前方施工需要减速行驶。经过一段反应时间后，司机才开始刹车。汽车运动的速度平方 v^2 随位

移 x 的变化关系如图3所示。

问题和活动1：分析图3中横纵坐标的物理意义。

问题和活动2：结合物体的真实运动情况，写出横纵坐标的物理关系式。

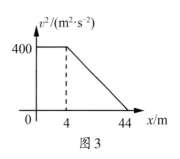

图3

任务3：结合图像分析图线与坐标轴所围面积的物理意义

问题情境：汽车的设计、竞技体育的指导、宇航员的训练等多种工作都会用到急动度的概念。急动度 j 是加速度变化量 Δa 与发生这一变化所用时间 Δt 的比值，即 $j = \dfrac{\Delta a}{\Delta t}$，它的方向与物体加速度变化量的方向相同。一物体从静止开始做直线运动，其加速度 a 随时间 t 的变化关系如图4所示。

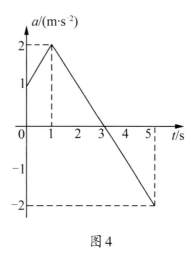

图4

问题和活动1：结合图像分析汽车的真实运动状态。

问题和活动2：分析该图像的斜率和图像与坐标轴所围面积的物理意义。

六 反思提炼

解决图像问题的关键在于对横纵坐标的物理意义及物理关系的梳理和分析。这类题目需要结合各物理量的定义式及各种表达式的物理意义情况进行分析，然后根据具体图像特征对实际运动情况进行推理。基本流程如图5所示：

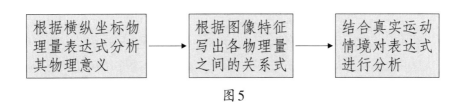

图5

七 针对练习

1. 一个物体由静止开始沿一条直线运动，其加速度随时间的倒数的变化规律如图6所示。已知a_0和t_0，则下列判断正确的是（　　　）。

A. 物体在t_0前做加速度增大的加速运动

B. 物体在t_0时刻的速度为$a_0 t_0$

C. 物体在t_0时间内速度增加量为$\dfrac{a_0 t_0}{2}$

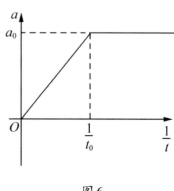

图6

2. 某车载传感器得到的位移—速度图像如图7所示，图像为两条开口相反的抛物线。请结合图像写出横纵坐标的物理关系式，并分析车辆的实际运动状态。

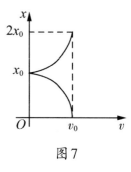

图7

参考答案：1. B　　2. $x = \dfrac{v^2 - v_0^2}{2a}$，车辆先做初速度为$v_0$的匀减速运动，速度减小到0后，做匀加速直线运动，两次加速度大小相同

平抛运动中的复杂分解问题

浙江省富阳中学　孙军峰

诊断题目

如图1所示为北京首钢滑雪大跳台，简化模型如图2所示，一质量为$m = 90\,\mathrm{kg}$的运动员在不使用滑雪杖的情况下，由静止开始从出发点A沿斜坡加速下滑，经水平滑道D点后，能以$v_D = 10\,\mathrm{m/s}$的速度沿水平方向滑离轨道，完成空翻、回转等技术动作，落到倾斜轨道EF上，最后停在结束区。EF长$L = 50\,\mathrm{m}$，倾角$\theta = 37°$，EF和水平滑道之间用一圆弧轨道连接，圆弧轨道半径$R = 10\,\mathrm{m}$，圆心角$\theta = 37°$，FG为结束区。为简化运动，运动员可视为质点，不计空气阻力，忽略轨道连接处机械能损失。

图1

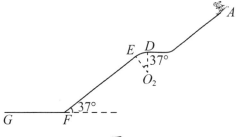

图2

现在运动员可以在滑行过程中利用滑雪杖支撑前进，获取一定的能量ΔE，要使运动员安全停留在结束区，落到倾斜轨道上的动能不能超过15250 J，求ΔE大小应满足的条件。

● 参考答案 ●

解：设用滑雪杖后，平抛过程水平位移x，竖直下落距离h，过D点速度为v_0，落到倾斜滑道上时，由平抛规律$x = v_0 t$，$h = \dfrac{1}{2}gt^2$，得$h = \dfrac{gx^2}{2v_0^2}$。

如图3所示，由几何关系得$h - R(1 - \cos 37°) = (x - R\sin 37°)\tan 37°$，

又因为动能$E_k = mgh + \dfrac{1}{2}mv_0^2$，

联立三式，用 h 表示，得 $E_k = mg\left[h + \dfrac{(4h+10)^2}{36h} \right]$，

当 $E_k = 15250\,\text{J}$ 时，解得 $h = 10\,\text{m}$。

平抛过程中由动能定理 $mgh = E_k - \left(\Delta E + \dfrac{1}{2}mv_D^2\right)$，

解得 $\Delta E = 1750\,\text{J}$，

故满足条件时 $\Delta E \leqslant 1750\,\text{J}$。

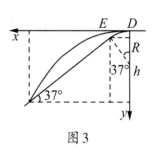

图 3

🔘 典型错误

（一）错误类型一

解：$15250 = \dfrac{1}{2}mv^2$，$v = \sqrt{\dfrac{2 \times 15250}{90}}\,\text{m/s} = \sqrt{\dfrac{3050}{9}}\,\text{m/s}$，

$v_y = v\sin 37° = 0.6v = 0.6\sqrt{\dfrac{3050}{9}}\,\text{m/s}$，

> 认为 37° 是速度夹角。

$v_y^2 = 2gh$，

$h = \dfrac{v_y^2}{2g} = \dfrac{0.36 \times \dfrac{3050}{9}}{20}\,\text{m} = 6.1\,\text{m}$。

（二）错误类型二

解：$D \rightarrow$ 倾斜轨道上某点 P，设下落高度为 h，

$mgh = E_{kP} - \dfrac{1}{2}mv_D'^2$，

且 $D \rightarrow P$ 平抛，

$x = v_D't$，$h = \dfrac{1}{2}gt^2$，

$\tan 37° = \dfrac{h}{x} = \dfrac{\dfrac{1}{2}gt^2}{v_D't} = \dfrac{v_\perp}{2v_D'}$，

> 认为位移分解中的几何关系是一个常见直角三角形中对边和斜边的关系。

则 $v_\perp = \dfrac{3}{4} \cdot 2v_D' = \dfrac{3}{2}v_D'$，

$h = \dfrac{v_\perp^2}{2g} = \dfrac{9v_D'^2}{8g}$，

即 $h = \dfrac{9}{80}\left(100 + \dfrac{\Delta E}{45}\right)$。

错误探析

（一）错误类型一访谈

师：请你回忆一下，当时通过分解速度来解题的想法是怎样的？

生：我心里知道求解平抛问题需要分解速度或位移，但是不清楚在什么情况下分解速度，什么情况下分解位移。

（二）错误类型二访谈

师：你们知道要分解位移，但几何关系弄错了，当时是怎么思考的？

生1：我没有仔细看图审题，就是按照普通斜面上的平抛运动列的式子。

师：其他同学有没有注意到连接抛出点的是一段圆弧轨道而不是一个斜面？

生2：我注意到了区别，但仍照搬普通斜面的式子了。

生3：我也注意到了区别，但是我不清楚这里面的几何关系，不会列式。

在平抛问题求解过程中，部分学生不能充分运用运动的合成与分解的方法，不能明确要分解哪一物理量。分解时，也不会区分题目所给的角度对应的是速度与水平方向的夹角还是位移与水平方向的夹角。具体书写前，也不建立坐标系，不画几何关系图，只凭已有知识想当然地书写，可能就会得出错误的结论。

（四）素养目标

与求解正确的同学交谈，了解他们分析平抛运动的思维过程。

师：有些同学在分解平抛运动时，不知道该分解速度还是位移。那么，你们在做题时是如何考虑的？

生：因为我发现要研究的是运动员从轨道高点抛出到落在斜面上的过程，这里面比较明确的是位移关系，因此我首先考虑的是分解位移。

师：很多同学知道要分解位移，但不清楚几何关系，方程列错，而你们却能准确地写出来，有什么经验可以传授给同学们吗？

生：我当时尝试画图解决，先画了一条抛物线，然后分解出水平和竖直方向的两段位移，接着发现还需要考虑圆弧轨道。经过观察发现，只要在水平和竖直方向的位移上分别截去圆弧轨道水平段和竖直段的长度，就能获得那个三角形的正切关系。

根据出错同学的素养水平确定教学起点，以正确同学的素养构成为蓝本，明确出错同学已有的素养水平和素养目标间的差距，设定本节内容的素养目标如下：

1. 通过分析典型的平抛运动，学会选择用分解速度或分解位移来求解相关问题。

2. 通过与各种接触面进行组合，学会画图并寻找几何关系，提高复杂平抛问题的解决能力。

五 纠正过程

任务1：学会选择分解速度或分解位移

问题情境1：小球沿水平方向抛出落到斜面上。

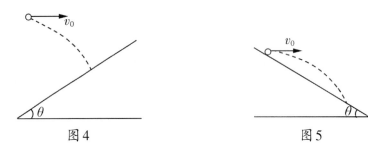

图4   图5

问题和活动1：如图4所示，小球以速度 v_0 沿水平方向抛出，做平抛运动，垂直撞在倾角为 θ 的斜面上，求小球下落的时间。

（分解速度）

问题和活动2：如图5所示，小球在倾角为 θ 的斜面上的某点以速度 v_0 平抛，仍落在斜面上，求小球下落的时间。

（分解位移）

问题和活动3：如图6所示，小球做平抛运动过程中何时离斜面最远？

（分解速度）

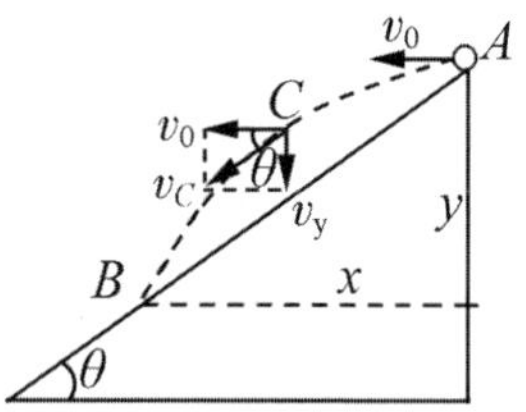

图6

问题情境2：小球沿水平方向抛出落到圆弧上。

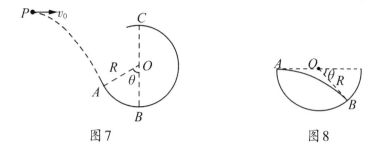

图7   图8

问题和活动1：如图7所示，小球从P点以速度v_0沿水平方向抛出，做平抛运动，恰好从圆弧上A点切入圆弧轨道后沿圆弧做圆周运动，切入点半径OA与竖直方向成θ角，求小球从P点运动至A点所需的时间。

（分解速度）

问题和活动2：如图8所示，小球从A点沿水平方向抛出，并落到半径为R的半圆上的B点，OB与水平方向夹角为θ，求小球的初速度。

（分解位移）

任务2：寻找平抛运动复杂情境中的几何关系

问题情境1：物体从斜面上端一定高度处沿水平方向抛出。

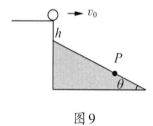

问题和活动1：如图9所示，斜面与水平方向夹角为θ，小球从距离斜面上端h高处的平台上以速度v_0沿水平方向抛出，落到斜面上的P点，求小球下落的时间。

图9

（作出位移关系图，在三角形中用正切值求解）

问题和活动2：如图10所示，斜面与水平方向夹角为θ，底端紧贴竖直墙壁，小球从距离斜面上端h高处的平台上以速度v_0沿水平方向抛出，与墙壁发生弹性碰撞后落到斜面上的P点，P点与墙壁的水平距离为l，求小球下落的时间。

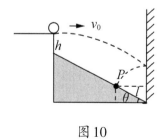

图10

（体会弹性碰撞和平抛运动的对称性，作出位移关系图，在三角形中用正切值求解）

问题情境2：物体从斜面底端正上方一定高度处沿水平方向抛出。

问题和活动1：如图11所示，飞机在高空沿水平方向匀速飞行，在倾角为 θ 的斜面底端正上方某一高处释放一颗炸弹。不计空气阻力，炸弹在空中做平抛运动，且恰好垂直落在斜面上 A 点，A 点距斜面底端高度为 h，求炸弹初速度 v_0。

（作图，分解速度和位移，利用三角形中的几何关系求解）

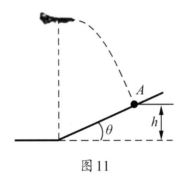

图 11

问题和活动2：如图12所示，一质量为 m 的方块沿光滑斜面下滑，恰好从半径为 R 的半圆轨道最高点 A 抛出，且垂直落在倾角为 α 的斜面上，斜面底端与半圆轨道最低点 B 相距为 L，求方块平抛运动的时间。

（作图，分解速度和位移，利用三角形中的几何关系求解）

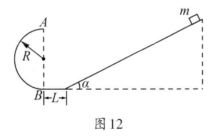

图 12

问题情境3：物体从半圆轨道左端一定高度处沿水平方向抛出。

问题和活动：如图13所示，弹射器水平射出弹丸，半圆弧轨道 BCD 的半径为 $R = 2.0\,\text{m}$，小孔 P 与水平方向的夹角为 37°。若弹丸垂直于 P 点的圆弧切线方向射出小孔 P，求弹射器发射口离 B 点的高度和弹丸射出的初速度分别是多少。

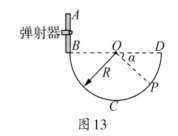

图 13

（作图，分解速度和位移，利用三角形中的几何关系求解）

六 反思提炼

求解平抛运动相关问题时，要落实运动的合成与分解。首先，明确要分解的物理量。其次，根据几何关系作出分解图，从图中获取各量之间的关系，最后列方程求解。基本流程如图14所示：

图14

七 针对练习

1. 图15为简化后的跳台滑雪的雪道示意图。已知斜面 AB 倾角 $\theta = 37°$，竖直跳台 CD 高度差为 $h_2 = 5\,\mathrm{m}$。运动员从 A 点由静止滑下，通过 C 点以速度 $v_c = 25\,\mathrm{m/s}$ 沿水平方向飞出，飞行一段时间后落到着陆坡。求运动员在着陆坡上的落点 P 到 D 点的距离。

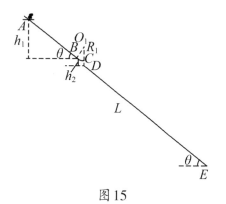

图15

2. CD 竖直高度差 $H = 0.2\,\mathrm{m}$，固定斜面和 CD 等高，底边长 $L_1 = 0.3\,\mathrm{m}$，小物块从 A 点下滑，于 C 点沿水平方向抛出，此时速度 $v_c = 4\,\mathrm{m/s}$。求小物块从 C 点抛出到击中斜面的时间。

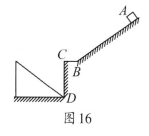

图16

参考答案：1. 125 m　　2. $\dfrac{1}{15}$ s

动态变化中的平衡问题

杭州市富阳区场口中学　张森

诊断题目

如图1所示，用细绳将一匀质圆柱体悬挂在竖直木板的 P 点，将木板以底边 MN 为轴向后方缓慢转动直至水平。细绳与木板之间的夹角保持不变，忽略圆柱体与木板之间的摩擦。分析在转动过程中：

（1）圆柱体对木板的压力大小变化。

（2）细绳上的拉力大小变化。

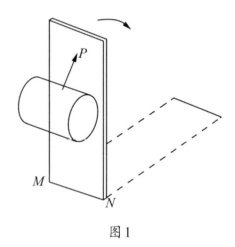

图1

参考答案

解：

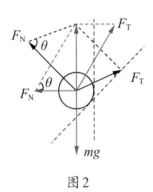

图2

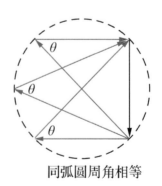

同弧圆周角相等

图3

对圆柱体进行受力分析，如图2所示，在木板以底边 MN 为轴向后方缓慢转动直至水平的过程中，圆柱体受到的支持力 F_N 与细绳拉力 F_T 之间的夹角不变。

作辅助圆,如图3所示,同圆弧所对的圆周角相等,用θ表示。

由于初位置木板竖直,支持力F_N与重力mg垂直,此时细绳拉力F_T最大(直径)。

由图2、图3分析可知:

(1)圆柱体受到的支持力F_N(即木板受到的压力)先变大后变小。

(2)细绳上的拉力逐渐变小。

二 典型错误和不足

(一)典型错误

绳与木板之间的夹角不变,即θ不变。三点共圆,由图4可得结果:

F_N变大,F_T变小。

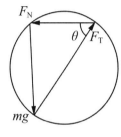

F_N判断错误。

图4

(二)典型不足一

如图5所示,设木板与地面成θ,G_2与F_T的夹角为α,α不随θ的变化而改变,

则有$F_N = mg\cos\theta + \dfrac{mg\sin\theta}{\tan\alpha} = kmg\sin(\theta+\beta)$ ($0 \leqslant \theta \leqslant 90°$),

$F_T = \dfrac{mg\sin\theta}{\sin\alpha} = kmg\sin\theta$,$k$为常数。

虽然解答正确,但效率较低。

书写F_N的表达式,需要较高的数学能力。其中β是某一确定值,不需要求解。

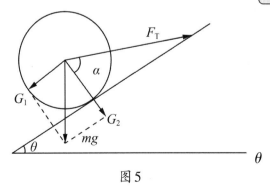

图5

(三)典型不足二

如图6所示,学生在木板转动过程中,对圆柱体进行受力分析,画出四幅

受力分析图，经过分析，得出答案，耗费时间较长。

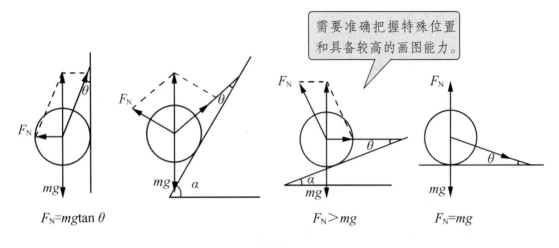

图6

≣ 错误探析

（一）典型错误访谈

师： 你用矢量三角形求解支持力的变化，为什么得到的答案不对？

生： 我画了初位置时圆柱体的受力分析图，在后续变化分析中想到前一阶
段 F_N 的变化，就直接得出结论，没有认真考虑末位置的受力情况。

该学生利用矢量三角形分析三力之间的大小关系，仅分析初位置，未全面
关注动态变化过程中的极值位置，这往往代表某个力达到最大值或最小值，是
该力的大小发生变化的转折点。

（二）典型不足一访谈

师： 你是怎么想到通过分解重力来解题的？

生： 我平常习惯于分解力，在两个方向上列平衡方程求解，所以这次也没
多想，就用这种方法解题。

师： 那么你在解题的过程中发现了什么？

生： 有点复杂，解题时间长。

该题用解析法解答需要较高的数学能力，结合角度变化范围，不容易得出
正确的结论。该方法解题所需时间较长。

（三）典型不足二访谈

师：你的解题方式很新颖，画了四幅受力分析图进行解答。你是怎么思考的呢？

生：我画出了圆柱体在某一位置的受力图，通过力的合成可以看出 F_T 和 F_N 的大小变化情况。根据题目意思，我画出了初始、末端、某一时刻和特殊位置四种情况的受力分析图，后来发现当细绳处于水平状态时，F_N 达到最大值。根据四幅受力分析图，我发现了这两个力的变化规律。

该学生的解题方法是从基础的受力分析出发，结合木板旋转过程中细绳水平、木板支持力竖直向上等特殊位置，画出受力分析图并得出正确答案。虽然答案正确，但是因为明显没有掌握恰当的解题方法，导致解题效率较低。

四 素养目标

与求解正确的同学进行交谈，了解他们的思维过程。结合学生的解题情况发现：有些学生能够正确解答，但是在解答过程中无法在同一幅受力图上画出动态的三力平衡图；还有些学生找不到简洁的解题方法。

故设定以下素养目标：

1. 能够规范地画出实际情境中处于动态平衡的物体的受力分析图。

2. 在同一幅图中将平行四边形转化为矢量三角形，能够通过动态变化过程，分析三力作用下动态平衡物体的受力特点。

3. 根据物体的受力特点，能够运用数学知识，如辅助圆、图解法（解析法）或三角形法，解决动态平衡问题。

五 纠正过程

任务1：画动态平衡物体受力分析图

问题情境：图7缓慢增加轻绳长度。图8以 O 点为圆心顺时针缓慢转至水平。图9将两个质量均为 m、带同种电荷的小球，用等长的绝缘细线悬挂于 O 点，A球固定，B球受到库仑力作用与细线间呈一定夹角。其中一个小球由于漏电，电荷量缓慢减小。

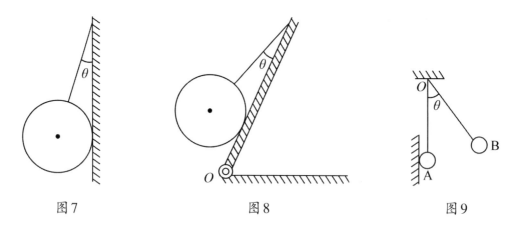

图7　　　　　　　　图8　　　　　　　　图9

问题和活动1：将小球作为研究对象，画出初状态时图7、图8中小球和图9中B球的受力分析图，如图10、图11、图12所示。

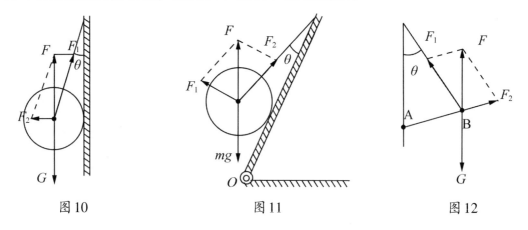

图10　　　　　　　　图11　　　　　　　　图12

问题和活动2：随着条件的变化，在同一个平行四边形中画出变化的平行四边形，如图13、图14、图15所示。

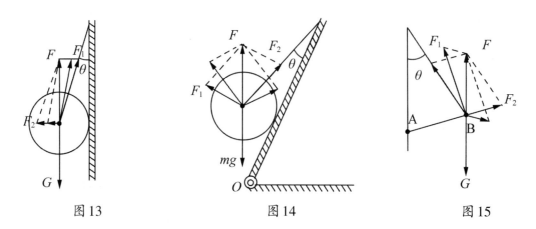

图13　　　　　　　　图14　　　　　　　　图15

任务2：寻找最优（合适）方法解决三力平衡问题

问题情境：衔接任务1中问题和活动2中的受力分析图。

问题和活动1：图16、图17和图18三幅图中，分析除恒力外，其余两个力的方向和两个力之间的夹角是否变化。

（得到三种情况，一般求两个变力大小变化）

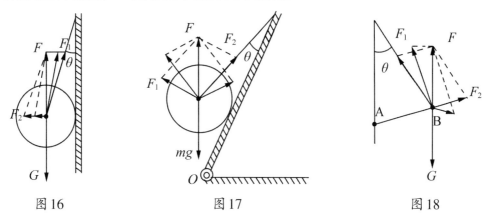

图16　　　　　　　　　图17　　　　　　　　　图18

问题和活动2：把平行四边形画成等效的三角形，如图19、图20、图21。

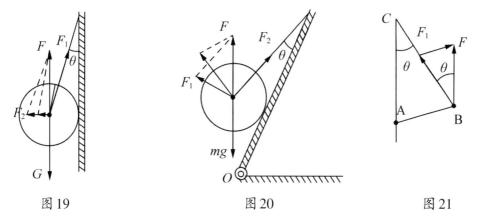

图19　　　　　　　　　图20　　　　　　　　　图21

问题和活动3：利用数学知识，结合三个力的特点，寻找合适的方法解决问题。

（1）图19中三力平衡，其中有一恒力和一方向不变的变力。利用图解法，根据θ的变化画出相应的受力图，结合图像可知两变力的变化情况；利用解析法，列出两变力的三角函数，结合θ的变化可知两变力大小的变化情况。

（2）图20中三力平衡，有两个变力的方向发生变化，但是两者之间的夹角大小不变。利用图22所画的辅助圆，能较快且轻松地得到结论。

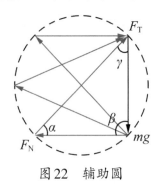

图 22　辅助圆

也可以利用正弦定理：

$$\frac{mg}{\sin \alpha} = \frac{F_N}{\sin \gamma} = \frac{F_T}{\sin \beta} = 常数，$$

通过不变量求变力大小的变化情况。

（3）图21中三力平衡，除恒力外，其他两个变力的方向和它们之间的夹角都在变化。利用相似三角形，找出变力与恒力之间的关系，继而求解。

六 反思提炼

解决动态三力平衡问题的方法如图23所示：

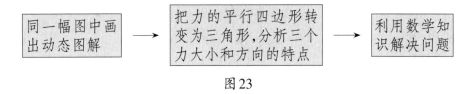

图 23

利用数学知识解决问题的流程图如图24所示：

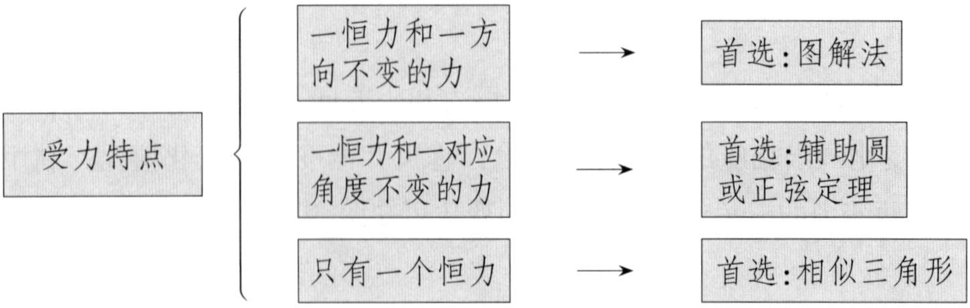

一恒力和一方向不变的力 → 首选：图解法

受力特点 ｛ 一恒力和一对应角度不变的力 → 首选：辅助圆或正弦定理

只有一个恒力 → 首选：相似三角形

图 24

七 针对练习

1. 如图25所示，轻绳一端系在质量为 m 的物体A上，另一端系在一个套在倾斜粗糙杆 MN 的圆环上。现用平行于杆的力 F 拉住绳子上一点 O，使物体A从图中实线位置缓慢上升到虚线位置，并且圆环仍保持在原来位置不动。环的质量不计，求在这一过程中：

（1）力 F 的变化情况。

（2）环对杆的摩擦力 F_f 和环对杆的压力 F_N 的变化情况。

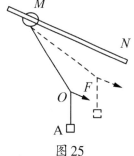

图25

2. 如图26所示，竖直平面内固定一个半径为 R 的刚性光滑绝缘圆环。在圆环的最顶端固定一个电荷量为 q 的小球，另一个质量为 m、带负电的小圆环套在大圆环上，当小圆环平衡时，测得两电荷之间的连线与竖直线的夹角为 $30°$，求（设静电力常量为 k）：

（1）小圆环带电荷量。

（2）当小圆环带电荷量增加时小圆环受到的弹力变化情况。

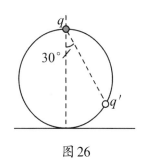

图26

参考答案：1.（1）F 逐渐增大　（2）F_f 逐渐增大，F_N 保持不变

2.（1）$Q = \dfrac{3\sqrt{3}\,mgR^2}{kq}$　（2）弹力不变

"探究加速度与力、质量的关系"实验中合力的测量问题

浙江省富阳中学　余云峰

诊断题目

敏敏利用图1甲中的装置探究物体加速度与其所受合外力之间的关系。将长木板水平放置于实验台，其右端固定一轻滑轮；轻绳跨过滑轮，一端与放在木板上的小车相连，另一端可悬挂钩码。本实验中可用的钩码共有 $N = 5$ 个，每个质量均为 0.01 kg。实验步骤如下：

1. 将5个钩码全部放入小车中，在长木板左下方垫上适当厚度的小物块，使小车（和钩码）可以在木板上匀速下滑。

2. 将 n（依次取 $n = 1$，2，3，4，5）个钩码挂在轻绳右端，其余钩码仍留在小车内。先用手按住小车并使轻绳与木板平行，再由静止释放，同时用速度传感器记录小车的运动情况，绘制 $v - t$ 图像，经数据处理后可得到相应的加速度 a。

3. 对应不同的 n 的 a 值作出如图1乙所示的 $a - n$ 图像，并得出结论。

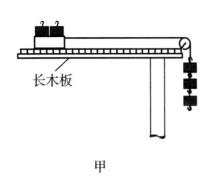

长木板

甲

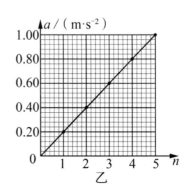

乙

图1

（1）请利用 $a-n$ 图像求小车（空载）的质量（保留 2 位有效数字，重力加速度 g 取 9.8 m/s²）。

（2）若以"保持木板水平"来代替步骤 1 的操作，请定性地画出所得的 $a-n$ 图像。

参考答案

解：（1）由题意，5 个钩码将逐个从小车上取下挂到右端提供拉力，摩擦力已经平衡补偿，故以整体为研究对象，取 n 个钩码下挂时 $nmg = (M+Nm)a$，

得 $a = \dfrac{nmg}{M+Nm} = \dfrac{0.098}{M+0.05}n$，

对照图线斜率，即 $k = \dfrac{0.098}{M+0.05} = \dfrac{1}{5}$，

解得 $M = 0.44\,\text{kg}$，

故小车质量为 0.44 kg。

（2）保持木板水平，则小车和余下钩码受到滑动摩擦力，对整体分析：

$nmg - \mu[M+(N-n)m]g = (M+Nm)a$，

得 $a = \dfrac{(1+\mu)mg}{M+Nm}n - \mu g$，

故图像应为一次函数，如图 2 所示。

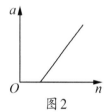

图 2

典型错误

（一）错误类型一

（1）小车受的拉力由 n 个钩码提供，即 $F = nmg = Ma$，$a = \dfrac{mg}{M}n$，

> 以小车为对象,拉力等于钩码重力。

由图像得斜率 $k = \dfrac{1.00}{5} = a$，

解得 $M = 0.49\,\text{kg}$。

（二）错误类型二

（2）小车受的拉力 $F = nmg$ 越大，就越不满足"远小于"的实验条件，不成正比，故图像如图 3 所示。

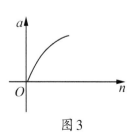

> 套用教材实验钩码质量 m 远远小于小车总质量 M 的结论。

图 3

🔸 错误探析

（一）错误类型一访谈

师： 本实验的研究对象是谁？受到了哪些外力？如何列出方程？

生： 小车。新课实验中的研究对象就是轨道上的小车，这里也不例外。小车受到重力、支持力、摩擦力、绳子的拉力的共同作用，实验中用重力和支持力平衡了摩擦力，所以拉力提供合外力。

该学生审题过程不清晰，没有理解钩码依次从小车上取下挂到轻绳右端，提供拉力的实验思路与教材不同，仍然以小车为研究对象，没有发现研究加速度和合力关系时，已经不能满足研究对象的质量必须保持不变这个条件。

（二）错误类型二访谈

师： 为什么 $a-n$ 图线后段弯曲？

生： 钩码挂得越多，越无法满足 m 远小于 M 的实验条件。对于钩码来说，重力越大，钩码的下落越接近自由落体，加速度也就越接近重力加速度。由于没有平衡摩擦力，拉力超过最大静摩擦力后小车才会产生加速度。

该学生照搬了教材实验的结论，没有建立图像和方程结合分析后得出结论的思路，也没有将整体法和隔离法结合分析得到合外力的表达式。

🔸 素养目标

与求解正确的同学进行交谈，了解他们的思维过程。

师： 你是如何确定这个实验的研究对象不是小车，而是小车和悬挂钩码整体？

生： 通过画线审题，复现实验操作过程，发现该实验与教材中的方案不一样。教材实验方案是在补偿阻力后，通过控制变量法，保持小车质量不变，研究钩码对小车的拉力和小车加速度的关系。然后保持拉力不变，通过增加小车的砝码改变质量，研究质量和加速度的关系。而本实验中，钩码是从小车上取下依次放入小车的，那么应该以小车和悬挂钩码整体为研究对象。

生： 我认为审题分析是非常关键的一环，而非单纯套用教材实验的基本方案进行解题，必须发现其中的变与不变。

师：你如何研究题中 $a-n$ 图像的信息？

生：我的经验是实验图像往往与实验原理相关。给出倾斜直线图像后，应该能通过原理分析得出相应的一次函数，从而借助斜率和截距的数据求得未知量。

根据出错同学的素养水平确定教学起点，以正确同学的素养构成为蓝本，明确出错同学已有的素养水平和素养目标间的差距，设定以下素养目标：

1. 通过审读题目文本、实验装置图和图像信息，能够区分试题方案与教材实验方案的异同（实验装置、操作过程、数据处理）。

2. 确定实验研究对象，通过分析受力情况，判断是否存在不可测量的阻力、是否需要补偿阻力、如何补偿阻力。

3. 通过受力分析，判断能否直接测量合力，能否用可测量的物理量表示合力。

五 纠正过程

任务 1：分析教材实验的基本思路

问题情境 1：教材实验中，小车在槽码的牵引下做加速运动。

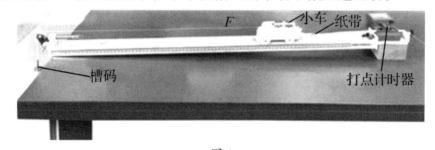

图 4

问题和活动：分析本实验如何测量研究对象受到的合外力，实践中会存在什么困难，如何克服困难。

问题情境 2：小车质量一定时，作出 $a-F$ 图像如下：

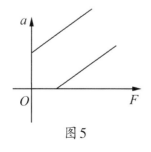

图 5

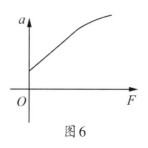

图 6

问题和活动1：分析图5中小车质量一定时，a–F图线不过原点可能的原因。

问题和活动2：分析图6中小车质量一定时，a–F图线随拉力增大逐渐偏离线性关系的原因。

任务2：分析改进后实验方案的基本思路

问题情境：如图7、图8、图9所示，利用传感器、光电门、气垫导轨等装置改进实验。

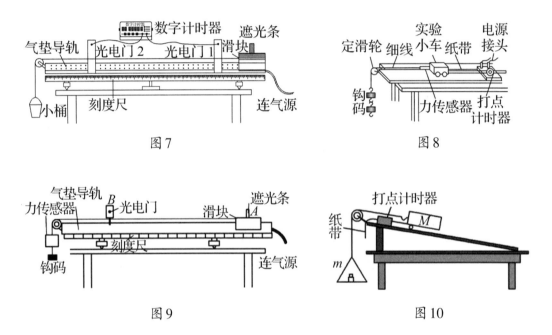

图7　　　　　　　　　图8

图9　　　　　　　　　图10

问题和活动1：如图7所示，用气垫导轨代替轨道，设想实验操作过程，确定研究对象；测量合外力时，判断是否需要补偿阻力；判断是否需要小桶和钩码的质量远小于滑块的质量。

问题和活动2：如图8所示，小车上固定力传感器，确定研究对象。力传感器直接测量合外力时，判断是否需要补偿阻力。判断是否需要钩码的质量远小于小车的质量。

问题和活动3：如图9所示，若是力传感器和气垫导轨同时存在，分析力传感器直接测量合外力时，是否需要补偿阻力；分析是否需要钩码的质量远小于小车的质量。

问题和活动4：如图10所示，钩码拖着小车恰好能在倾角轨道上匀速运动，若撤去钩码，让小车独自做加速运动，分析是否需要补偿阻力，分析是否需要小桶和钩码的质量远小于滑块的质量。

六 反思提炼

求解此类实验问题时，常见的错误是未能发现题中实验方案与教材基本方案之间的差异。为正确解决问题，需要仔细审读题目文本、实验装置图和图像信息，甄别试题方案与教材实验方案在实验装置、操作过程、数据处理等方面的异同。需要确定研究对象是小车还是整体，分析能否直接测定受力，判断是否需要进行阻力补偿。具体流程如图11所示：

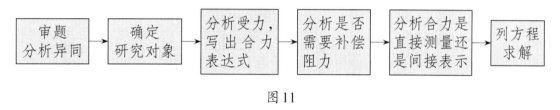

图 11

七 针对练习

1. 诊断题目中水平放置长木板（如图12所示）时，作出 $a-n$ 图像。请利用图像求出滑块与长木板间的动摩擦因数。

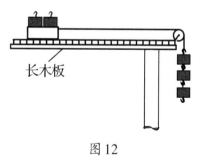

长木板

图 12

2. 现代智能手机通常配备速度和加速度传感器，安装应用程序后，就可以直接测量手机运动时的速度和加速度大小。某同学利用智能手机设计实验，探究空气阻力大小与速率的关系，实验装置如图甲所示。实验过程如下：

（1）先将未安装薄板的小车置于带有定滑轮的长木板上，然后将智能手机固定在小车上。

（2）用垫块将长木板一侧垫高，调整垫块位置，使小车在不受槽码牵引时沿长木板做匀速直线运动，以补偿小车所受的摩擦力。

（3）然后在小车上安装一面积较大的薄板，用手机记录小车在槽码牵引下，从静止开始沿长木板向下加速运动过程中多个位置的加速度 a 和速度 v 大小。图13乙中已描出表格中前四组数据的点，请将后三组数据在图13乙中描点，并绘制出 $a-v$ 图线。

（4）测得 $a-v$ 图像的斜率绝对值为 k，槽码的质量为 m，手机、薄板和小车的总质量为 M，请用题目给出的物理符号表示薄板受到的空气阻力大小 F_f 与速率 v 的关系式。

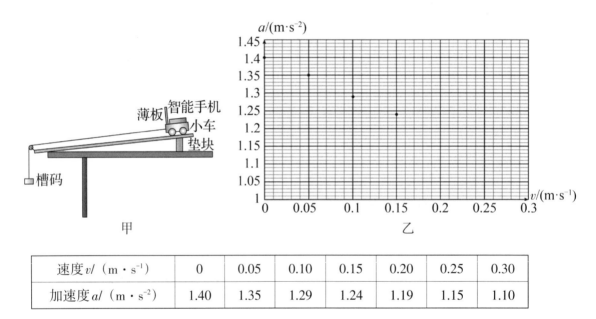

速度 $v/$（m·s⁻¹）	0	0.05	0.10	0.15	0.20	0.25	0.30
加速度 $a/$（m·s⁻²）	1.40	1.35	1.29	1.24	1.19	1.15	1.10

图13

参考答案： 1. $a = \dfrac{(\mu+1)mg}{Nm+M}n - \mu g$，可以从斜率或图像与纵轴的交点得到 μ

2.（3）图略　　（4）$F_f = (m+M)kv$

"剪断细线"的瞬时性问题

浙江省富阳中学　沈忠立

诊断题目

如图1所示，一质量为m的小球系于长度分别为l_1、l_2的两根轻质细线上，细线l_1的一端悬挂在天花板上，与竖直方向夹角为θ，将l_2水平拉直，小球处于平衡状态。

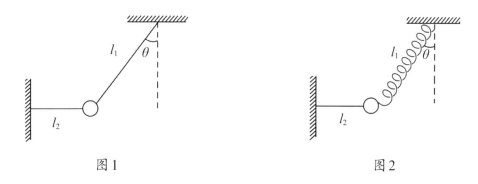

图1　　　　　　　　　　图2

（1）现将细线l_2剪断，求剪断瞬间小球的加速度。

（2）如图2所示，现将图1中的细线l_1改为长度相同、质量不计的轻弹簧，其他条件不变。现将l_2剪断，求剪断瞬间小球的加速度。

参考答案

解：（1）对小球进行受力分析，将l_2剪断前：如图3所示，小球处于平衡状态，所受合力为0，两细线对小球的拉力分别为$F_1 = \dfrac{mg}{\cos\theta}$，$F_2 = mg\tan\theta$。

将l_2剪断的瞬间如图4所示，由于l_1上的拉力大小发生了突变，小球将绕悬点做圆周运动，根据力和运动的关系，此时应将重力分解为沿细线和垂直于细线两个方向。

由牛顿第二定律可得，细线方向 $F_1' - mg\cos\theta = 0$，

垂直细线方向上 $mg\sin\theta = ma_1$，所以 $a_1 = g\sin\theta$，且方向垂直 l_1 指向右下方。

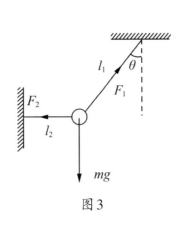

图3

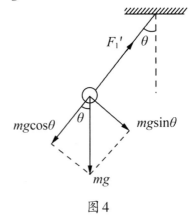

图4

（2）对小球进行受力分析，剪断 l_2 前如图5所示，细线拉力 $F_2 = mg\tan\theta$；将 l_2 剪断的瞬间，由于小球具有惯性，弹簧的瞬时形变量不变，因此弹力保持不变，那么小球重力和弹簧弹力的合力仍等于原来细线的拉力 $F_2 = mg\tan\theta$。

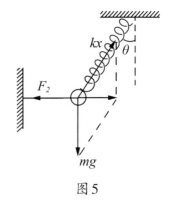

由牛顿第二定律可得 $mg\tan\theta = ma_2$，

所以加速度 $a_2 = g\tan\theta$，且方向水平向右。

图5

二 典型错误

（一）错误类型一

如图1所示，由 $a = \dfrac{v^2}{r}$，

剪断 l_2 瞬间，小球的速度瞬间为0，

故小球的加速度为0。

> 认为小球该时刻速度为0，则加速度为0。

（二）错误类型二

如图1所示，剪断 l_2 瞬间，细线 l_2 受到的拉力和小球受到重力的合力水平向右。

由牛顿第二定律可得 $F_合 = mg\tan\theta = ma_2$，

加速度为 $a_2 = g\tan\theta$，方向水平向右。

> 认为细线 l_1 的拉力不变，导致合力水平向右。

⊜ 错误探析

（一）错误类型一访谈

师：你是怎么判断剪断l_2瞬间，小球的加速度为零？

生：剪断l_2瞬间，小球由于惯性保持静止状态，故此刻小球的速度为零，加速度为零。

师：如何求得小球的加速度为零？

生：小球将做圆周运动，根据向心加速度公式$a = \dfrac{v^2}{r}$，此时小球速度$v = 0$，因此可得到小球的加速度为$a = 0$。

师：剪断瞬间小球的加速度等同于向心加速度吗？

师：速度为零，加速度一定为零吗？能否从力学的角度揭示运动的本质呢？

生：不能，我从力学的角度求解找不到突破口。

该学生感性地认为加速度由速度决定，导致在某时刻小球速度为0时，判断其加速度也为0。这忽略了受力分析的重要环节，同时混淆了物理概念，误将向心加速度等同于合加速度。

（二）错误类型二访谈

师：你为什么认为图1中将l_2剪断瞬间，细线l_1的拉力是不变的？

生：由于惯性，小球仍保持原有的静止状态，小球的位置没有发生变动，故细线l_1的拉力不变。

师：那一瞬间小球的位置不动，所以细线l_1受到的拉力不变，这有判断依据吗？

师：细线的形变明显吗？

生：形变不明显，但我无法判断l_1受到的拉力是否变化。

该学生对"细线"和"轻弹簧"模型的本质区别缺乏认识，将两者混为一谈；笼统误判为图1中l_1的拉力瞬间不变，导致小球受到的合力水平向右且大小等于原来的拉力。对学生的错误进行归纳，总结出以下四种类型：

类型	问题	归因
轻质细线	细线张力是否会突变	未能从相互作用观和运动观角度分析
轻质弹簧	弹簧弹力是否变化	未能从相互作用观角度分析
运动分析	运动的特征	运动观与相互作用观各自为政，忽视联系
求解加速度	小球合力大小和方向	在"细线"模型和"轻弹簧"模型的突变问题上存在疑惑，影响了对小球加速度的求解

（四）素养目标

与求解正确的同学交谈，了解其能够正确求解的分析思路。

师：当剪断 l_2 瞬间，细线 l_1 的拉力或弹簧弹力是否发生突变？

生：对细线 l_1 来说，其拉力瞬间会发生突变；而将细线 l_1 换成弹簧，则弹力是不突变的。

师：判断依据是什么呢？

生：比较细线和弹簧，因细线 l_1 发生微小形变，形变量几乎可忽略；而弹簧形变量大，发生明显形变。

师：形变量大小与弹力变化有关联吗？

生：剪断瞬间，由于小球的惯性，小球的位置不变，故弹簧弹力的大小瞬间不变；而细线发生微小形变，虽然小球瞬间不动，但此时细线的拉力会发生突变，具体情况尚不清楚。

师：你能从力学的角度来判断小球的运动吗？

生：对于细线 l_1 来说，小球将会做圆周运动，这与单摆模型类似；而对于弹簧来说，由于弹力不变，小球所受的合力与 l_2 原来的拉力相等，将朝合力方向运动。

根据出错同学的素养水平确定教学起点，以正确同学的素养构成为蓝本，明确出错同学已有的素养水平和素养目标间的差距，设定本节内容的素养目标如下：

1. 通过实验了解"细线"模型和"轻弹簧"模型的形变特点，能够区别细线拉力和弹簧弹力的瞬时变化情况。

2. 通过分析剪断细线和轻弹簧后小球的运动情况，能够正确求解合力，提升建模能力。

五 纠正过程

任务1：通过实验再现，认识细线拉力和弹簧弹力的瞬间变化特征

问题情境1：两铁球质量分别为 $m_A = m$，$m_B = 2m$，在图6中它们之间用轻质弹簧连接，在图7中用轻质细线连接，上面均用细线悬挂于天花板。当在 M 处将悬挂的细线剪断时，两图中A、B球的瞬时加速度分别为多少？

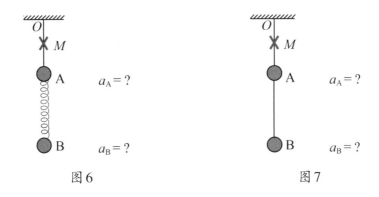

图6　　　　　　　　　　图7

问题和活动1：图6和图7中剪断两球间细线瞬间，A、B间的弹簧弹力和细线拉力会发生变化吗？

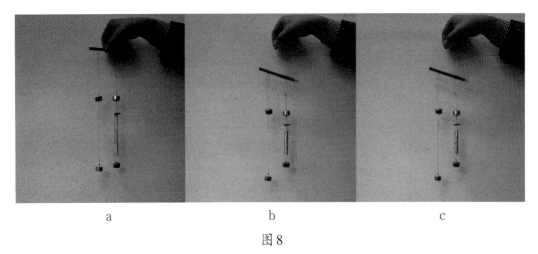

a　　　　　　　　b　　　　　　　　c

图8

问题和活动2：观看视频（慢放，如图8所示），思考并判断：弹簧相连的A物与细线相连的A物哪个下落的加速度大？原因是什么？弹簧相连的B物与细线相连的B物哪个下落的加速度大？原因是什么？

问题情境2：用传感器实验显示拉力变化情况。

问题和活动1：如图9、图10所示，释放钩码瞬间，细线的拉力是如何变化的？

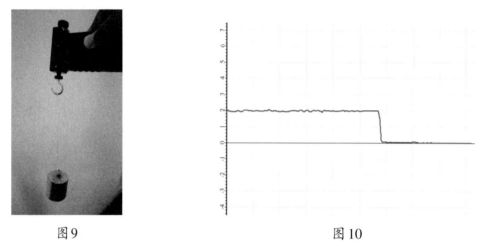

图9　　　　　　　　　　　　　　　　　　　图10

问题和活动2：将细线换为弹簧，用传感器记录释放钩码瞬间的弹力变化，对比两组实验数据，如图11所示，试判断细线拉力与弹簧弹力变化有何区别。

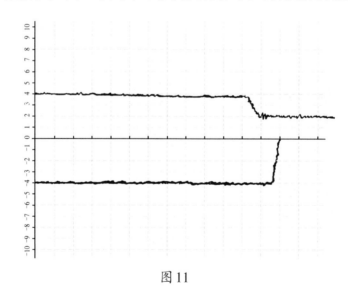

图11

小结：细线发生微小形变，就能产生弹力，剪断瞬间恢复形变不需要时间，弹力立即发生突变或消失；而当弹簧处于明显形变状态，且剪断瞬间弹簧长度不变，弹簧形变量不变，弹簧的瞬时弹力不变，即弹簧弹力不发生突变。

任务2：通过情境实验再现，探究剪断后小球的运动情况

问题情境1：如图12所示，将细线l_2剪断，小球将做何运动？

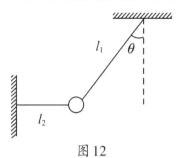

图12

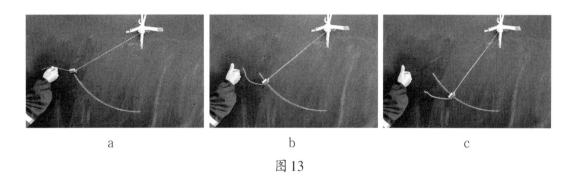

a   b   c

图13

问题和活动1：播放实验视频如图13所示，小球在做哪种形式的运动？

问题和活动2：剪断瞬间，细线l_1的拉力变化吗？如何得到剪断瞬间小球的加速度？

问题情境2：如图14所示，将细线l_2剪断，小球将做何运动？

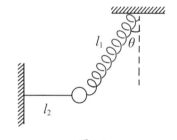

图14

问题和活动1：播放视频，如图15所示，小球在做哪种形式的运动？

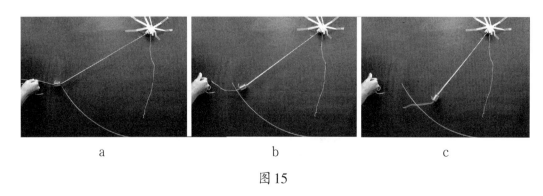

a   b   c

图15

问题和活动2：剪断瞬间，弹簧l_1的拉力变化吗？如何得到剪断瞬间小球的加速度？

六 反思提炼

本类案例的主要问题在于剪断细线瞬间，轻质细线和轻质弹簧的受力变化存在差异。如果无法从本质上对两者进行区分，就会影响对物体所受合力大小和方向的判断。形变量不明显的物体所产生的弹力可以发生突变，如细线的拉力、轻杆的弹力、支持面的支持力等；而有明显形变的物体的弹力则不发生突变，如弹簧的弹力、橡皮筋的弹力等。基本的问题分析流程如图16所示：

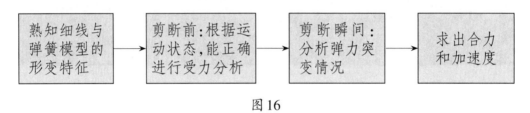

图16

七 针对练习

1. 如图17所示，"儿童蹦极"中，拴在腰间左右两侧的是弹性极好的橡皮绳。质量为m的小明如图所示静止悬挂时，两橡皮绳的拉力大小均恰为mg，若此时小明左侧橡皮绳断裂，则小明此时加速度大小是多少？方向如何？

图17

（1）画出小明静止悬挂时的受力分析图。

（2）若左侧橡皮绳突然断裂，画出小明此时的受力分析图。

（3）小明左侧橡皮绳断裂瞬间，小明的加速度是多少？方向如何？

2. 如图18所示，质量相等的A、B两小球分别连在轻绳两端，A球的一端与轻弹簧相连，弹簧的另一端固定在倾角为30°的光滑斜面顶端，重力加速度大小为g。（斜面固定不动）

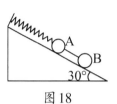

图18

（1）画出小球A静止时的受力分析图。

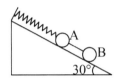

（2）画出剪断轻绳的瞬间A的受力分析图。

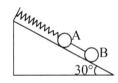

（3）剪断轻绳的瞬间，A的加速度是多少？方向如何？

参考答案： 1.（1） （2）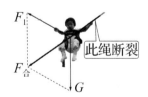

（3）$a_2 = g$，沿剪断绳的反方向

2.（1） （2）

（3）$a_2 = g\sin\theta$，沿剪断绳的反方向

通过加速度的特征（方向和大小）解决力学问题

杭州市富阳区江南中学　蒋亘玮

诊断题目

如图1所示，质量为 m 的小球向上做荡秋千运动，在最高点时细绳与竖直方向的夹角为 θ。求此时绳上的拉力大小以及小球的加速度大小。

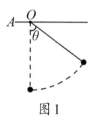

图1

● 参考答案

解：小球在最高点只受重力和细绳的拉力作用，此时瞬时速度为0，所以向心加速度和向心力也均为0。联系实际情况可知，后续小球会做圆周运动，所以一定有沿切线方向的加速度，如图2所示，由几何关系可得

$$\frac{F_{\text{T}}}{mg} = \cos\theta，\text{解得 } F_{\text{T}} = mg\cos\theta，$$

$$\frac{F_{\text{合}}}{mg} = \sin\theta，\text{解得 } F_{\text{合}} = mg\sin\theta，$$

由牛顿第二定律可得 $a = g\sin\theta$。

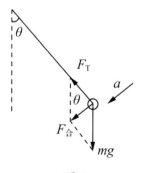

图2

▣ 典型错误

解：由几何关系得 $F_T = \dfrac{mg}{\cos\theta}$，

且 $mg\tan\theta = ma$，

解得 $a = g\tan\theta$。

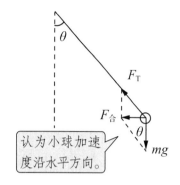

认为小球加速度沿水平方向。

图 3

▣ 错误探析

师：为什么你认为合外力方向向左？

生：我曾经做过车辆内挂绳加减速的题目，习惯性地用了相同的方法，在分析过程中认为合力向左。

师：那你有分析小球的运动状态吗？有没有判断过加速度的方向？

生：画出合外力以后就没有考虑过其他情况了，就和平时一样，我认为这是加速度与合外力同向的问题。

该学生对于运动与相互作用的物理观念理解得还不够深刻，没有正确分析物体运动规律，建立了错误的物理模型。

▣ 素养目标

与求解正确的同学交谈，了解他们是如何分析情境、画出运动轨迹，以及如何判断绳子绷直瞬间拉力和加速度的情况。

师：很多同学认为小球释放以后做水平直线运动，你为什么认为是圆周运动？

生：结合生活实际，我认为它应该进行圆弧摆动运动。

师：那么你在判断小球的受力情况时，为什么不考虑向心力？

生：我认为该瞬间速度为0，所以向心加速度和向心力都为0，无须考虑。

师：那么你是如何判断该瞬间的加速度情况的？

生：我认为后续小球应该以细绳长度为半径向下摆动，这样会获得与细绳垂直的速度。所以，这一瞬间的加速度应该也是与半径垂直向下的。至于加速度的大小，是后来通过画矢量图分析得出的。

师：你能具体说明分析加速度大小的过程吗?

生：我在确定加速度的方向以后，根据牛顿第二定律，合外力的方向与加速度方向一致。拉力的方向已知，但大小未知，而重力的大小和方向都已确定。因此，画出的矢量三角形是唯一的，可以根据图像的几何关系确定加速度的大小。

该学生构建了正确的物理模型，明确指出该瞬间速度为0，因此向心加速度和向心力都为0。而且能结合生活实际经历，判断出该瞬间加速度和细绳方向垂直，最终通过矢量分析解决问题。

根据出错同学的素养水平确定教学起点，以正确同学的素养构成为蓝本，明确出错同学已有的素养水平和素养目标间的差距，设定本节内容的素养目标如下：

1. 根据实际情况，构建物体受多力、变力作用的受力分析图。

2. 根据运动轨迹，能定性分析物体的运动（加速度）特征。

3. 能从运动（加速度）角度推理分析具体受力情况。

🔢 纠正过程

任务1：分析加速度方向不同时的受力情况

问题情境：如图4所示，某商场一顾客站在斜向上运行的电动扶梯上（扶手未画出），人和扶梯保持相对静止，且顾客在上升过程中。

问题和活动1：画示意图进行受力分析和运动分析（加速度情况）。

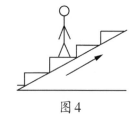

图4

①匀速运动时的 受力分析	②向上匀加速运动时的 受力分析	③向上匀减速运动时的 受力分析

通过比较①②③受力情况的不同，理解加速度分析的重要性。

问题和活动2：匀速上升时（　　　）。

A.受到3个力的作用　　　　B.受到的摩擦力方向水平向左

C.没有受到摩擦　　　　　　D.受到的重力大于支持力

问题和活动3：向上匀加速（如图5所示）运行时（　　　）。

A.受到3个力的作用

B.受到的摩擦力方向水平向左

C.受到的合力方向与a的方向相同

D.受到的重力大于支持力

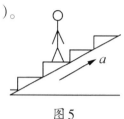

图5

总结：准确判断加速度方向，才能解决人的受力情况分析这一难点。

任务2：分析加速度大小不同时的受力情况

问题情境：滑索是一项体育游乐项目，游客从起点利用自然落差向下滑行，将滑索视为理想细绳，不考虑形变与空气对人的作用力。

问题和活动1：联系运动状态进行受力分析。

①不计摩擦时的受力分析　　　　　　②考虑摩擦时的受力分析

通过两个场景的对比，可以看到，只有在同时确定了加速度的方向和大小之后，才能明确地进行力的分析。

问题和活动2：忽略所有摩擦，下图中能正确表示游客下滑场景的是（　　　）。

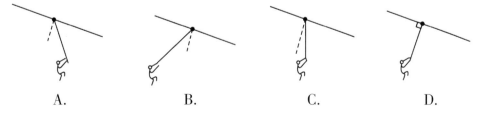

A.　　　　　　　　B.　　　　　　　　C.　　　　　　　　D.

问题和活动3：若不能忽略摩擦，下图中能正确表示游客加速下滑场景的是（　　　）。

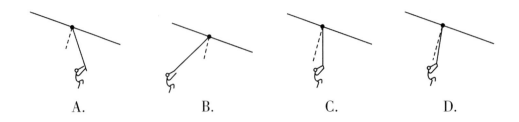

A.   B.   C.   D.

总结：除了加速度方向，还必须确定其大小，才能解决人所受拉力方向的难点。

任务3：在复杂情境中运用加速度分析

问题情境：如图6所示，在纸面上水平放置两根长直导线AB和CD，只有一条导线中通有恒定电流。在纸面上，一电子从E点开始经过F运动到G的轨迹如图6中的曲线所示。

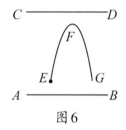

图6

问题和活动：请判断哪一条导线通有电流及其方向。

电子在运动过程中只受到洛伦兹力的影响，因此动能和速度大小不变。从轨迹分析可以明显看出，F处轨道半径较小，向心加速度明显更大，因此向心力（洛伦兹力）更大，磁场更强，导线CD有电流。通过电子加速度方向确定向心力方向，得出磁场垂直于纸面向内，确定电流方向为从C到D。

六 反思提炼

对受力不明确的物体进行力学分析的一般流程如图7所示：

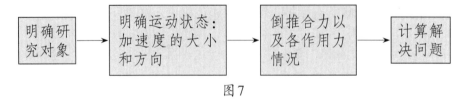

图7

在处理力学题时，学生通常习惯先从相互作用的角度来分析物体的受力情况。然而，在部分场景下无法直接确定受力情况，这时可以灵活运用牛顿第二定律，先分析加速度的方向和大小特征，进而确定合力的大小和方向，以辅助判断受力情况。

完成任务1:学生能够体会到物体在不同运动状态下受力情况(有无摩擦力)的显著变化,强化对运动状态(尤其是加速度)分析的重要性。鼓励学生打破原有固化思路,拓展新思维。

任务2和任务3则在前期任务的基础上提升了思维难度,让学生在新情境的分析中强化模型构建能力,进一步强调了以运动状态(加速度)分析为切入口来解决力学问题的必要性,帮助学生归纳具体方法,有助于学生科学思维的形成。

七 针对练习

1.(多选)如图8所示,一辆小车沿倾角为θ的固定斜面下滑,质量为m的小球通过细线悬挂在小车上,与小车一起沿斜面向下运动。图中虚线"①"垂直于斜面,虚线"②"平行于斜面,虚线"③"沿竖直方向,重力加速度为g。下列说法正确的是(   )。

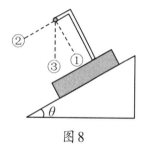

图8

A. 如果细线与虚线"③"重合,那么小球的加速度大小为0

B. 如果细线与虚线"①"重合,那么小球的加速度大小为$g\sin\theta$

C. 如果细线与虚线"①"重合,那么细线的拉力大小为$mg\sin\theta$

D. 如果小车与斜面间的动摩擦因数足够大,那么细线可能与虚线"②"重合

2. 如图9所示,倾斜索道与水平面夹角为37°,当载人车厢沿钢索运动时,车厢里质量为m的人对厢底的压力为其重量的1.25倍。已知重力加速度为g,车厢底始终保持水平,下列说法正确的是(   )。

A. 载人车厢一定沿斜索道向上运动

B. 人对车厢底的摩擦力方向向左

C. 车厢运动的加速度大小为$\dfrac{g}{4}$

D. 车厢底对人的摩擦力大小为mg

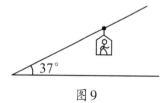

图9

参考答案:1. AB   2. B

传送带上的划痕问题

浙江省富阳中学　闻浪洲

诊断题目

如图1所示，传送带与水平地面的夹角为 $\theta = 37°$，A、B 两端的间距 $L = 16\,\mathrm{m}$，传送带以速度 $v = 10\,\mathrm{m/s}$ 沿顺时针方向运动。现将一质量 $m = 1\,\mathrm{kg}$ 的物体（可看作质点）由静止放上 A 端，物体与传送带间的动摩擦因数为 $\mu = 0.5$，最大静摩擦力等于滑动摩擦力，重力加速度 g 取 $10\,\mathrm{m/s^2}$，$\sin 37° = 0.6$，$\cos 37° = 0.8$。求：

（1）物体从 A 端到 B 端所需的时间。

（2）物体从 A 端到 B 端过程中系统产生的热量。

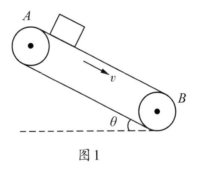

图1

参考答案

解：（1）物体速度达到 $10\,\mathrm{m/s}$ 之前，对物体进行受力分析如图2所示。

y 方向：$F_N = mg\cos\theta$，

x 方向：$mg\sin\theta + F_f = ma_1$，

$F_f = \mu F_N$。

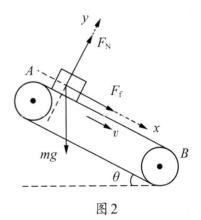

图2

若物体速度能达到 10 m/s，$t_1 = \dfrac{v}{a_1} = 1\,\text{s}$，$x_1 = \dfrac{1}{2}vt_1 = 5\,\text{m}$，

$x_1 < L$，物体速度可以达到 10 m/s。

此时物体距传送带下端 $x_2 = L - x_1 = 11\,\text{m}$。

物体速度达到 10 m/s 后，物体继续沿斜面向
下做匀加速运动，加速度为 a_2。

对物体进行受力分析如图 3 所示。

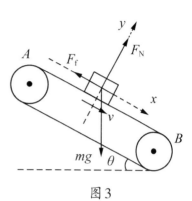

图 3

沿 x 方向：$mg\sin\theta - F_f = ma_2$，

$x_2 = vt_2 + \dfrac{1}{2}a_2t_2^2$，

解得 $t_2 = 1\,\text{s}$，可得 $t = t_1 + t_2 = 2\,\text{s}$。

（2）物体速度达到 10 m/s 前，传送带位移大小 $x_1' = vt_1 = 10\,\text{m}$，

物体与传送带间的相对位移大小 $\Delta x_1 = x_1' - x_1 = 5\,\text{m}$，

物体与传送带间摩擦生热 $Q_1 = F_f\Delta x_1 = 20\,\text{J}$。

物体速度达到 10 m/s 后，传送带位移大小 $x_2' = vt_2 = 10\,\text{m}$，

物体与传送带间的相对位移大小 $\Delta x_2 = x_2 - x_2' = 1\,\text{m}$，

物体与传送带间摩擦生热 $Q_2 = F_f\Delta x_2 = 4\,\text{J}$。

全过程总摩擦生热 $Q = Q_1 + Q_2 = 24\,\text{J}$。

■ 典型错误

（一）错误类型一

解：（1）物体速度达到 10 m/s 后与传送带一起做匀速运动，

则 $x_2 = L - x_1 = 11\,\text{m}$，$t_2 = \dfrac{x_2}{v} = 1.1\,\text{s}$。

> 以为第二阶段物
> 体做匀速运动。

（2）只在第一阶段有摩擦生热，则 $Q = \mu mg\cos\theta\,(x_1' - x_1) = 20\,\text{J}$。

（二）错误类型二

解：（2）整个过程中物体位移 $x = L = 16\,\text{m}$，

传送带的位移 $x' = v(t_1 + t_2) = 20\,\text{m}$，

摩擦生热 $Q = \mu mg\cos\theta\,(x' - x) = 16\,\text{J}$。

> 用 $Q = F_f L$ 求热量时误用全过程
> 中物体与传送带间的相对位移。

三 错误探析

(一) 错误类型一访谈

师：请说明你如何计算物体与传送带共速后的时间。

生：共速时物体距传送带下端 11 m，接下来物体与传送带一起做匀速运动，速度为 10 m/s，时间 $t_2 = \dfrac{11}{10}$ s。

师：你如何得出共速后物体与传送带一起做匀速运动的结论？

生：把物体无初速度地放上传送带，可能一直做匀加速运动，也可能先做匀加速运动后做匀速运动。经计算，两者共速时物体还没滑到传送带底端，本题属于后者。

师：你提到的两种可能性是针对水平传送带的情境。那么，水平传送带上的结论能否迁移到倾斜传送带上呢？

生：应该可以吧？难道不可以吗？

师：在倾斜传送带上，物体与传送带共速后能够一起做匀速运动的条件是什么？

生：物体不受摩擦力作用，由于惯性而做匀速运动。不对，我纠正一下。共速后，物体如果不受摩擦力，将沿传送带向下做加速运动。两者一起运动的条件应该还与最大静摩擦力相关，具体情况我不清楚。

该学生在解答该问题时照搬了水平传送带情境中的结论。在交流中发现，学生的思维仍受此负迁移的影响。同时还可知，学生不清楚物体间保持相对静止的条件，对如何进行定量分析没有明确的思路和方法。

(二) 错误类型二访谈

师：请说明你求解热量的思路。

生：计算摩擦生热的公式 $Q = F_f L$ 中，L 指两物体间的相对位移，我用到的 Δx 就是公式中的 L。整个过程中物体的位移是 16 m，传送带在 2 s 内的位移为 20 m，所以 $\Delta x = 4$ m，热量为 16 J。

师：你是针对全程列式，有同学是分段计算的。第一阶段相对位移为 5 m，热量为 20 J，第二阶段相对位移为 1 m，热量是 4 J，总热量是 24 J。

　　大家都使用了"相对位移"进行计算，答案却不同，其中存在什么问题呢？

生：相对位移必须明确是谁相对于谁的位移，存在方向上的差异，有正有负。热量是正值，我使用的L是全程的相对位移大小，有同学则分别使用了两个阶段的相对位移大小。两个阶段相对位移大小之和与全程的相对位移大小不相等，所以我们的答案不同。

　　该学生的主要错误在于对摩擦生热公式$Q = F_f L$中L的理解不准确，对相对位移的矢量性认识不清，还混淆了相对位移、相对位移大小和相对路程等概念。

（四）素养目标

　　与求解正确的同学交谈，了解他们的思维过程。

　　以下是和正确判断物体与传送带共速后不能一起做匀速运动的同学的访谈。

师：物体与传送带共速后，物体会做什么运动？你当时是怎么想的？

生1：物体与水平传送带共速后，可以一起做匀速运动。而物体与倾斜传送带共速后，能否一起做匀速运动取决于动摩擦因数与传送带倾角的关系。本题中$\mu < \tan\theta$，因此物体会向下加速，加速度大小与第一阶段不同。

生2：他所说的结论我是知道的，我还用了假设法做了进一步分析。假设物体与传送带一起做匀速运动，根据受力和平衡知识，可算得静摩擦力为$F_f = mg\sin\theta = 6\,\text{N}$，而最大静摩擦力只有$F_{fmax} = \mu mg\cos\theta = 4\,\text{N}$，所以两者不可能一起做匀速运动。

师：我们知道，传送带可以水平放置，也可以倾斜放置，可以做匀速运动，也可以做加速或减速运动。那么，你们刚才提到的结论普遍适用吗？

生1：在传送带做匀速运动时，水平传送带的结论不能用于倾斜传送带。如果传送带处于匀速、加速或减速状态，相关结论也会有所不同。

师：那对上述情况该怎样分析呢？

生2：仍然可以用假设法进行分析，并且需要比较所需静摩擦力与最大静摩擦力的大小关系。

在以前的学习中，学生已经碰到过物体沿倾斜传送带运动的情境。正确求解的同学对水平传送带、倾斜传送带两种情境，以及一起做匀速运动的条件有明确认知。其中一部分同学还明确知道物体间能够一起运动的条件是所需静摩擦力不超过最大静摩擦力，并能熟练运用假设法对其进行判断。

以下是与正确求解摩擦生热的同学的访谈。

师：为什么使用表达式 $Q = Q_1 + Q_2 = F_f\left[\left(vt_1 - x_1\right) + \left|vt_2 - x_2\right|\right]$ 求解全过程的热量？

生：这个表达式既可以理解成两个阶段热量之和为总热量，也可以理解为总热量 $Q = F_f L$，其中 L 为两个阶段相对位移大小的代数和。

师：通过本题的求解，你对热量公式 $Q = F_f L$ 中的 L 有怎样的理解？

生：以前求摩擦生热的题目的情境都是单过程的，本题情境是多过程的。做题时，我确实感觉到 L 的含义有点问题。在双向滑动问题中，L 应该是两个阶段相对位移大小的代数和，或者可以叫作相对路程，而不是总的相对位移的大小。但是在单向相对滑动中，需要纠正刚才的说法，L 也是相对路程，不过它在数值上与相对位移的大小相等。

生：在解题时我对 L 只有一个大概的认识，刚才在比较单向相对滑动和双向滑动时才真正理解。但在双向滑动或更复杂的问题中怎样求解相对位移和相对路程，我仍然没有把握。

由于问题情境的变化，学生在求解过程中对已有结论产生了怀疑，并能根据热量为正值的特征将 L 理解为相对位移大小之和。在交流过程中，通过全面梳理不同情境的条件并加以比较，学生对 L 的认识变得更全面、更准确，但在复杂问题中区分位移、相对位移和相对路程方面仍然有所欠缺。

根据出错同学的素养水平确定教学起点，以正确同学的素养构成为蓝本，明确出错同学已有的素养水平和素养目标间的差距，设定本节内容的素养目标如下：

1. 通过对不同条件下共速问题的分析，认识到物体与传送带共速后不一定能保持相对静止，理解物体间能够相对静止的条件是静摩擦力不超过最大值，并能对其进行判断。

2. 理解位移、相对位移、相对路程的概念和关系，能够在具体问题中运用

$v-t$图、位移和相对位移示意图求解划痕问题。

五 纠正过程

任务1：分析物体间能否保持相对静止

问题情境1：图4、图5中物体与传送带间刚好达到共速。

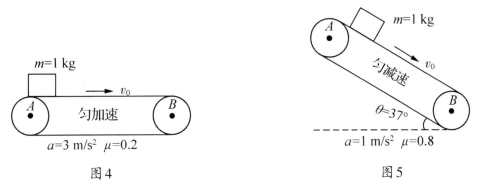

图4

图5

问题和活动1：如果两者能共速，分析要满足的条件。

（得到μ、a、θ间满足的关系式）

问题和活动2：判断两者能否保持相对静止。

（比较所需静摩擦力与最大值之间的关系）

问题和活动3：小结两者能否保持相对静止的判断流程。

（假设能相对静止→分析所需静摩擦力→比较所需静摩擦力是否超过最大值→结论）

问题情境2：图6、图7中物体间刚好达到共速，接下来两者能保持相对静止吗？

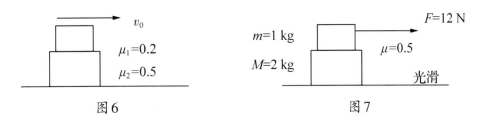

图6

图7

问题和活动1：用假设法判断两者能否保持相对静止。

问题和活动2：小结判断不同情境中物体间能否保持相对静止的核心思想方法。

（判断依据、求解流程）

任务2：比较对地位移、相对位移和划痕

问题情境1：图8中传送带很长，物体从A端滑上传送带，并仍从A端离开传送带。

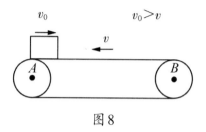

图8

问题和活动1：用v-t图描述物体、传送带的位移及物体相对传送带的位移。（如图9所示）

问题和活动2：画出共速前物体和传送带的位移、物体相对传送带的位移示意图。（如图10所示）

问题和活动3：以传送带视角描画划痕的产生过程。（如图11所示）

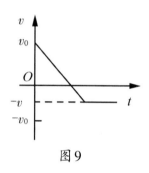

图9

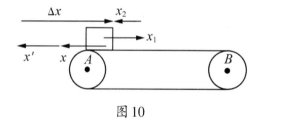

图10

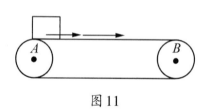

图11

问题情境2：同"诊断题目"情境。

问题和活动1：画出全程的v-t图（如图12所示），画出第一阶段物体的位移x_1、传送带的位移x_1'和物体相对传送带位移Δx_1示意图（如图13所示），画出第二阶段物体的位移x_2、传送带的位移x_2'和物体相对传送带位移Δx_2示意图（如图14所示）。

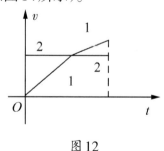

图12

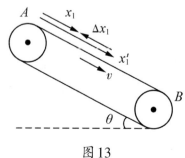

图13

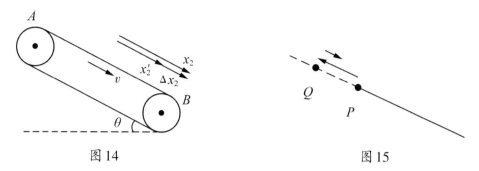

图 14   图 15

问题和活动2：描画划痕示意图（如图15所示），并与问题情境1中的划痕进行比较。

（明确划痕的起点、终点、端点、划动方向、范围、重叠区域、长度）

问题和活动3：小结求解划痕问题的思想方法和流程。

（思想方法：$v-t$图、示意图、视角转换）

（求解流程：画对地位移→画相对位移→画划痕→计算划痕相关量）

六 反思提炼

判断物体间能否保持相对静止的流程如图16所示：

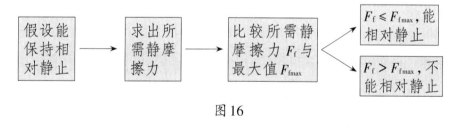

图 16

求解划痕问题的流程如图17所示：

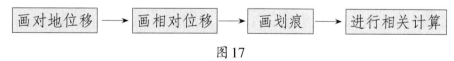

图 17

七 针对练习

1. 木板B静止在水平面上，可视为质点的物块A从木板的左侧以4 m/s的初速度沿木板上表面水平冲上木板，如图18甲所示，经过1 s，A和B达到共同速度2 m/s，之后一起减速，3 s时停止运动，A和B的$v-t$图像如图18乙所示。

（1）求0～1 s内物块和木板的对地位移并画出示意图。

（2）求物块在木板上滑行留下的划痕长度。

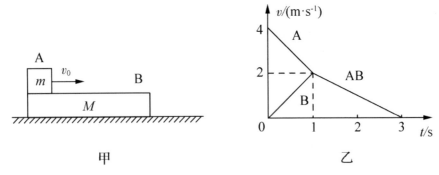

图 18

2. 如图 19 甲所示，质量为 0.5 kg 的小物块从右侧滑上匀速转动的水平传送带，其位移与时间的变化关系如图 19 乙所示，图线的 0～3 s 段为抛物线，3～4.5 s 段为直线。求 0～4.5 s 内：

（1）摩擦力对物块所做的功。

（2）小物块与传送带间产生的热量。

（3）小物块在传送带上留下的划痕长度。

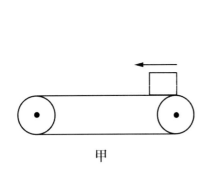

图 19

参考答案： 1.（1）$x_A = 3\,\mathrm{m}$，$x_B = 1\,\mathrm{m}$，图略　（2）$\Delta x = 2\,\mathrm{m}$

2.（1）$W_f = -3\,\mathrm{J}$　（2）$Q = 9\,\mathrm{J}$　（3）$\Delta x = 9\,\mathrm{m}$

含弹簧碰撞的极值问题

杭州市富阳区场口中学　范清理

诊断题目

如图 1 所示，光滑水平面上有滑块 A、B（B 的左端连接有轻质弹簧），质量分别为 1 kg 和 2 kg。弹簧开始处于自由伸长状态，现使滑块 A 以 $v_0 = 3$ m/s 的速度水平向右运动，通过弹簧与静止的滑块 B 相互作用（整个过程中弹簧没有超过弹性限度），直至分开。求：

（1）滑块通过弹簧相互作用过程中弹簧的最大弹性势能。

（2）滑块 B 的最大动能。

（3）滑块 A 的动能最小时，弹簧的弹性势能。

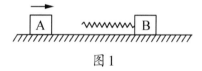

图 1

参考答案

解：（1）对 A、B 系统，当 A、B 速度相等时，弹簧弹性势能最大，由动量守恒定律可得 $m_A v_0 = (m_A + m_B) v_共$，解得 $v_共 = 1$ m/s。

由机械能守恒定律可得，弹簧的最大弹性势能为

$$E_{p\,max} = \frac{1}{2} m_A v_0^2 - \frac{1}{2}(m_A + m_B) v_共^2 = 3 \text{ J}。$$

（2）弹簧被压缩的过程，B 一直加速，当弹簧恢复原长时，B 的动能最大，由动量守恒定律及机械能守恒定律分别可得

$$m_A v_0 = m_A v_A + m_B v_B, \quad \frac{1}{2} m_A v_0^2 = \frac{1}{2} m_A v_A^2 + \frac{1}{2} m_B v_B^2,$$

联立解得 $v_B = 2\,\text{m/s}$。

滑块 B 的最大动能为 $E_{kB} = \dfrac{1}{2}mv_B^2 = 4\,\text{J}$。

（3）当滑块 A 的速度为零时，即 $v_{A2} = 0$，其动能最小（为零），据动量守恒定律可得 $m_A v_0 = m_A v_{A2} + m_B v_{B2}$，解得 $v_{B2} = 1.5\,\text{m/s}$，

由机械能守恒定律可得，此时弹簧的弹性势能为

$$E_p' = \frac{1}{2}m_A v_0^2 - \frac{1}{2}m_B v_{B2}^2 = 2.25\,\text{J}$$

二 典型错误

（一）错误类型一

滑块 A 的初速度 $v_0 = 3\,\text{m/s}$，A 的初动能（即系统的初动能）为

$$E_{kA} = \frac{1}{2}m_A v_0^2 = \frac{1}{2} \times 1 \times 9 = 4.5\,\text{J}，$$

当 A 的初动能（即系统的初动能）全部转化为弹簧的弹性势能时，弹簧弹性势能最大，由机械能守恒定律可得 $\underline{E_{pmax} = E_{kA} = 4.5\,\text{J}}$。 认为 A 压缩弹簧时 B 仍然静止。

（二）错误类型二

滑块 B 的最大动能为 $E_{kB} = \dfrac{1}{2}m_B v_{\text{共}}^2 + \dfrac{1}{2}E_{pmax}$，

即 $\underline{E_{kB} = 2.5\,\text{J}}$。

认为 A、B 共速后，弹簧的弹性势能有一半转化为 B 的动能，另外一半转化为 A 的动能。

（三）错误类型三

由弹性碰撞规律可知，A、B 碰撞结束后的速度为

$$v_{A2} = \frac{m_A - m_B}{m_A + m_B}v_0 = -1\,\text{m/s}，\quad v_{B2} = \frac{2m_A}{m_A + m_B} = 2\,\text{m/s}，$$

可知 A 的最小速度为 $-1\,\text{m/s}$。

此时 $E_p = \dfrac{1}{2}m_A v_{A2}^2 + \dfrac{1}{2}m_B v_{B2}^2 - \dfrac{1}{2}m_A v_0^2$，

解得 $E_p = 0$。

认为 A 的末速度即为最小速度。

三 错误探析

（一）错误类型一访谈

师： 请你说明弹簧的弹性势能是从哪里来的。

生： 物体A挤压弹簧时自身动能减少，减少的动能转化为弹簧的弹性势能。

师： A减少的动能全部转化为弹簧的弹性势能吗？

生： 是的，因为物体B不动。

师： 物体B与弹簧连接，并没有固定，为什么会不动呢？

生： 哦，压缩的弹簧对B有推力，物体B也在运动，动能在增加。因此，A减少的动能只有部分转化为弹簧的弹性势能……

该学生的错误是没有对物体B进行受力分析和运动分析，错误地认为B不动。

（二）错误类型二访谈

师： 你认为B的动能何时达到最大？

生： 我认为弹簧再次恢复原长时B的动能最大。

师： 你认为弹簧在恢复原长时一半的弹性势能转化为B的动能，另一半转化为A的动能，这有什么理论依据吗？

生： 我认为弹簧在恢复原长时，对A、B的弹力一样大，同时A、B的位移也一样大，弹簧对A、B做的功相同，因此弹簧的弹性势能平均转化为A、B的动能。

师： 弹簧在恢复原长时，B加速、A减速，你有什么依据说明A、B的位移一样大？

生： 哦，应该是B的位移大，弹簧对A、B做的功不同。

该学生知道当弹簧恢复原长时，B的速度最大（即动能最大）。他试图从能量转化的角度去求解，但是在面临如何定量计算弹簧弹性势能转化的问题时，不知道可以从动量守恒的角度结合弹性碰撞的规律去求解B的最终速度。

（三）错误类型三访谈

师： 你认为A的动能何时达到最小？

生： 我认为是弹簧再次恢复原长时A的动能最小。

师：根据你的计算，弹簧在恢复原长时，A的速度为-1 m/s，你认为速度-1 m/s
比0小？

生：当然是速度为0时最小。

师：弹簧在恢复原长过程中，A的速度有没有可能为0呢？

生：老师，我明白了。A的速度由3 m/s渐变为-1 m/s时，确实有为0的时
刻，最小速度应该为0。

该学生机械地套用了弹性碰撞的规律，将A的末速度误认为是A的最小速
度，没有对弹簧恢复过程进行动态分析。实际上，当A的速度由3 m/s逐渐变
为-1 m/s时，其中有一瞬间A的速度为0，这才是A的最小速度。

（四）素养目标

与求解正确的同学交谈，了解他们分析A通过弹簧推动B时，A、B运动变
化的思维过程。

师：物体A接触弹簧后，A、B是如何运动的？

生：A压缩弹簧时，弹簧对A、B的弹力大小相等、方向相反。在弹力作
用下，B从静止开始加速，A从速度v_0开始减速。当A、B速度大小相
同时，弹簧的压缩量达到最大。

师：弹簧压缩过程中，系统的能量是如何转化的？

生：此过程中，A的动能不断减少，一部分转化为B的动能，一部分转化
为弹簧的弹性势能。当A和B共速时，弹簧的压缩量达到最大，弹性
势能也达到最大。

师：弹簧恢复形变时，A、B是如何运动的？

生：弹簧压缩至最短后开始恢复形变，弹力逐渐减小，B在弹力作用下继
续加速，A在弹力作用下继续减速。当弹簧恢复到原长时，B的速度
达到最大。

师：弹簧在恢复形变时，系统的能量是如何转化的？

生：此过程中，弹簧的弹性势能逐渐释放出来。当弹簧恢复到原长时，A、
B发生了完整的弹性碰撞，B的速度达到最大，动能也达到最大。

师：A的动能最小值一定为0吗？

生：这不一定。当弹簧恢复原长时，根据弹性碰撞的规律计算 A 的速度。如果 A 的速度是负的，那么 A 的动能最小值可以为 0；如果 A 的速度是正的，那么 A 的动能最小值不能为 0。

师：你知道 A 的末速度的正负是由什么因素决定吗？

生：我想可能是由 A、B 的质量决定吧。

根据出错同学的素养水平确定教学起点，以正确同学的素养构成为蓝本，明确出错同学已有的素养水平和素养目标间的差距，设定本节内容的素养目标如下：

1. 通过对两物体进行受力分析和运动状态分析，知道当相互作用的两物体共速时，弹簧的形变量达到最大，弹簧的弹性势能也最大。

2. 根据弹性碰撞的规律，能够绘制物体的 $v-t$ 图像，并求出被碰物体的末速度，判断碰撞物体的速度极值。

五 纠正过程

任务 1：求解弹簧的最大弹性势能

问题情境：如图 2 所示，从 A 开始接触弹簧至弹簧压缩到最短。（与"诊断题目"情境相同）

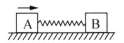 

图 2

问题和活动 1：对滑块 A 和 B 进行受力分析和运动分析。

问题和活动 2：试在同一图像中定性画出滑块 A 和 B 的 $v-t$ 图像。

问题和活动 3：弹簧的弹性势能什么时候最大？此时滑块 A、B 的速度有什么特征？如何求解此时 A、B 的速度？

任务 2：求解碰撞物体、被碰物体的速度极值

问题情境：如图 3 所示，从弹簧压缩量最短到滑块 A 恰好离开弹簧的过程。（与"诊断题目"情境相同）

图3

问题和活动1：对滑块A和B进行受力分析和运动分析。

问题和活动2：若$m_A > m_B$，试在同一图像中画出滑块A和B在这个过程的$v-t$图像。什么时候滑块B的速度最大？此时，滑块A的最小速度是多少？

问题和活动3：若$m_A < m_B$，滑块A和B的$v-t$图像要如何修正？滑块A的最小速度是多少？

六 反思提炼

关于弹簧碰撞问题，可以从力与运动、能量分析和动量守恒的三个维度进行分析。如果学生能绘制出物体的$v-t$图像，问题就会迎刃而解，具体流程如图4所示：

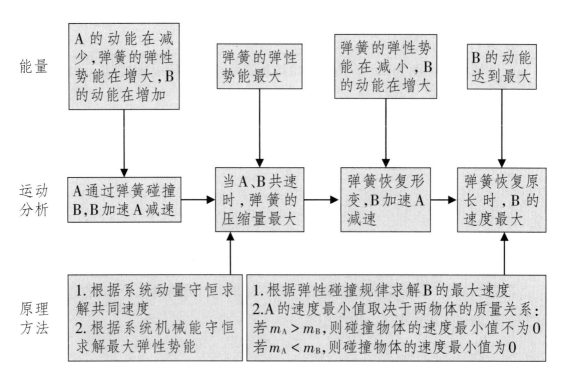

图4

七 针对练习

1. 如图5所示，在足够大的光滑水平面上放有质量相等的物块A和B。其中物块A连接一个轻弹簧并处于静止状态，物块B以速度v_0向着物块A运动。当物块B与弹簧接触时立即被粘住，两物块在同一条直线上运动。在物块A、B与弹簧相互作用的过程中，试在同一图像中画出物块A和B的$v-t$图像。

图5

2. 如图6所示，质量为$3m$的滑块b与质量为$2m$的滑块c用劲度系数$k = 100\ \text{N/m}$的轻质弹簧连接，静置于轨道FG上。现有质量$m = 0.12\ \text{kg}$的滑块a以初速度$v_0 = 5\ \text{m/s}$由F端向右移动与FG上的滑块b碰撞（时间极短）。其他摩擦和阻力均不计，各滑块均可视为质点，弹簧的弹性势能$E_\text{p} = \dfrac{1}{2}kx^2$（$x$为形变量）。

若滑块a碰到滑块b立即被粘住，求碰撞后弹簧最大长度与最小长度之差Δx。

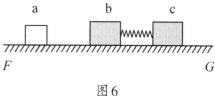

图6

参考答案：1.

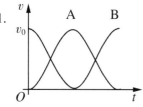

2. $\Delta x = 0.1\ \text{m}$

连接体题目中的研究对象选取问题

杭州市富阳区场口中学　陈先飞

诊断题目

用三根细线a、b、c将两个小球1和2连接并悬挂，如图1所示。两球均处于静止状态，细线a与竖直方向的夹角为30°，细线c处于水平状态。

（1）若两个小球1和2的重力均为G，求细线a、c分别对小球1和2的拉力大小。

（2）若细线b与竖直方向的夹角为60°，求两个小球1和2的质量之比。

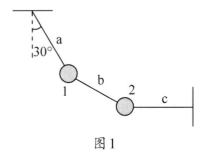

图1

参考答案

解：（1）将两小球看作一个整体，对整体进行受力分析如图2所示，根据共点力的平衡条件可知：$F_c - F_a \sin 30° = 0$，$F_a \cos 30° - 2G = 0$，

联解可得 $F_a = \dfrac{4\sqrt{3}\,G}{3}$，$F_c = \dfrac{2\sqrt{3}\,G}{3}$。

（2）对小球2进行受力分析如图3所示，可得 $F_b \cos 60° - m_2 g = 0$，

即 $m_2 g = \dfrac{1}{2} F_b$。

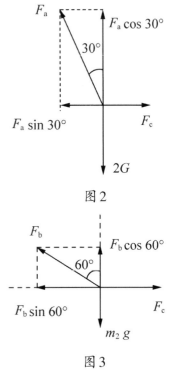

图2

图3

对小球1进行受力分析如图4所示，可得：

$F_b \sin 60° - F_a \sin 30° = 0$，

$F_a \cos 30° - F_b \cos 60° - m_1 g = 0$，

联解可得 $m_1 g = F_b$，

故 $m_1 : m_2 = 2 : 1$。

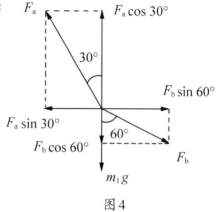

图4

二 典型错误

（一）错误类型一

假设细线b与竖直方向成 θ 角，分别对小球1与小球2进行受力分析可得：

$F_b \sin \theta - F_a \sin 30° = 0$，

$F_a \cos 30° - F_b \cos \theta - G = 0$，

$F_c - F_b \sin \theta = 0$，

$F_b \cos \theta - G = 0$。

> 假设了未知的 θ 角，导致运算复杂而算不出正确结果。

（二）错误类型二

以小球1与小球2整体为研究对象，由受力分析可得：

$$F_a = \frac{G}{\cos 30°} = \frac{2\sqrt{3}}{3}G，$$

$$F_b = G \tan 30° = \frac{\sqrt{3}}{3}G。$$

> 判断研究对象的重力出现错误，应为 $2G$。

三 错误探析

（一）错误类型一访谈

师：你在做题时感到困难的地方在哪里？

生：我觉得自己的解题思路是对的，但是由于细线b与竖直方向的夹角未知，于是试着假设夹角为 θ。列出方程后发现未知量太多，考试时间紧张，来不及算出结果。考试后再进行计算可以得出结果，但是这里的数学运算耗时太久。

该学生的主要问题是缺乏运用整体法简化问题的意识。虽然这道题单纯运用隔离法也能求解，但运算复杂，无法在短时间内完成。在下一步教学中，要让学生逐步体会运用整体法解题的妙处。

（二）错误类型二访谈

师： 既然选择两小球作为整体分析，那么整体的重力应为多少？

生： 老师，我的思路是正确的，但是受力分析时习惯了把重力的符号书写为 G，忘记检查整体所受重力应该是 $2G$。

该学生的错误表面上看是粗心大意，实际上是其学习时简单模仿导致的必然结果。在后续的教学中，要让学生明白：当研究对象发生变化后，研究对象的质量 m，以及相应的 G、F_N、F_f 等关联力也会相应发生变化。

四 素养目标

与求解正确的同学交谈，了解他们的思维过程。

师： 第一问中有些同学因为细线 b 与竖直方向的夹角未知而导致无法解题，你在解题时遇到过类似的困难吗？

生： 一开始我也这样认为，但是题目只要求计算细线 a 和细线 c 的拉力。我想，如果把两球当作一个整体来考虑，就可以简化问题了。

师： 在第二问中，很多同学都能正确列出方程，但是未能算出两球的质量关系。你是如何快速、准确地求解的呢？

生： 我发现两球的质量关系就是重力的关系，而两球是通过细线 b 连接的。因此，根据受力分析明确两球的重力与细线 b 的拉力关系，就可以顺利进行计算了。

总结学生的分析和解题过程可以看出，首先，对连接体问题要有灵活运用整体法与隔离法的意识。其次，对于不同的研究对象，要学会准确判断其质量以及与质量关联的重力、弹力、摩擦力等物理量。另外，分析学生答题卷面发现，求解正确的学生在解题中更注重受力分析的画图规范，标注力的符号及方向时更精准有序。而且在求解时，这些学生并不是盲目地列方程，而是认真分析，理顺关系和思路后再有的放矢地运用规律列式求解。

根据出错同学的素养水平确定教学起点，以正确同学的素养构成为蓝本，明确出错同学已有的素养水平和素养目标间的差距，设定本节内容的素养目标如下：

1. 能灵活而恰当地运用整体法与隔离法解决实际问题。

2. 知道当研究对象发生变化时，研究对象的质量以及相关的重力、弹力、摩擦力等也会相应地发生变化。体会规范画图与精准运用物理符号对理顺关系、理清思路的价值与意义。

3. 领会深入的受力分析与运动分析是解决问题的突破口。

五 纠正过程

任务1：合理运用整体法与隔离法解决静力学连接体问题

问题情境：图5与图6都要求解绳子对小球的拉力。对比两图，思考如何简便地求解图6中a绳与c绳对小球的拉力，并说出理由。

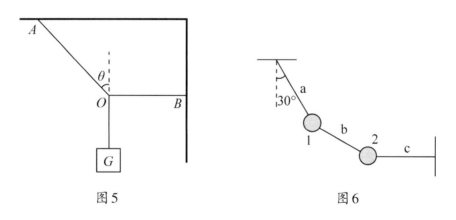

图5   图6

问题和活动1：讨论运用整体法的前提条件及其好处。

讨论结果：当相关联的多个物体都静止时，可以将多个物体当作整体来进行研究分析，这样的好处是不必考虑物体内部之间的力。

问题和活动2：画出受力分析图，并用符号在图中准确地表示各个力。

任务2：合理运用整体法与隔离法解决动力学连接体问题

问题情境1：如图7所示，质量为$2m$的物块

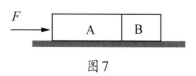

图7

A与质量为m的物块B置于水平面上，在水平推力F的作用下，A、B一起做加速运动。若水平面光滑，求解A对B的作用力；若水平面不光滑，且A、B与地面的动摩擦因数相等，此时A对B的作用力的大小又是多少？

问题和活动1：当两个或多个物体同步运动时，讨论其速度与加速度的特征。

讨论结果：当多个物体一起运动且保持相对静止时，其速度总相同，速度同步变化，则相等时间内速度的变化也相同，故由$a = \dfrac{\Delta v}{\Delta t}$可知都具有相同的加速度$a$，这时也可以将多个物体当作整体来进行研究分析，好处是不用考虑物体内部间的力，能很快求解物体的加速度，再用隔离法可求物体间的内力。

问题和活动2：当研究对象变化时，其受力发生了哪些变化？

讨论结果：研究对象变化，其质量随之变化，所受重力、弹力、摩擦力等也相应地发生变化。

问题情境2：如图8所示，n块质量均为m的木块并列地放在水平桌面上，木块与桌面间的动摩擦因数为μ，当木块受到水平力F的作用一起向右做匀加速运动时，木块3对木块4的作用力大小是多少？

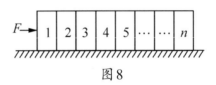

图8

问题和活动1：讨论并思考以谁为研究对象有助于解决问题。

讨论结果：可先将n块木块作为一个整体进行受力分析来求解共同的加速度，再以木块4至n作为整体研究对象进行受力分析，最后利用牛顿第二定律来求解木块3对木块4的作用力。

问题和活动2：讨论并思考本题易错点。

讨论结果：列方程时容易将研究对象的质量代入错误，当以n块木块为对象时，质量应为nm，而当以木块4至n作为研究对象时，对应质量应为$(n-3)m$。

任务3：灵活运用整体法与隔离法解决复杂连接体问题

问题情境：拱桥结构是古代人解决建筑跨度的有效方法，像古罗马的万神庙和我国的赵州桥都是拱桥结构的典型建筑。拱桥结构的特点是利用石块的楔形结构，将受到的重力和压力分解为向两边的力，最后由拱桥两端的基石来承受，如图9甲所示。现有六个大小、形状、质量都相等的楔块组成一个半圆形实验拱桥，如图9乙所示。每个楔块质量$m = 3\,kg$，假定楔块间的摩擦力可以忽略不计，问：

（1）六个楔块组成的拱桥对一边支撑基石的压力是多少？

（2）拱桥顶部楔块A两侧所受作用力的大小之比是多少？

（3）如果在拱桥正中间加一个向下的$50\,N$的压力F，那么与顶部A、B两楔块两边相邻的支撑物给予A、B楔块的弹力F_1与F_2分别是多大？（g取$10\,N/kg$）

甲

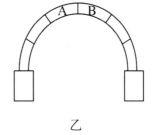
乙

图9

问题和活动1：讨论并思考在求解拱桥对基座的压力时，能以基座为研究对象吗？

讨论结果：应该运用牛顿第三定律，将整个拱桥作为研究对象，转化为求基座对拱桥的支持力。

问题和活动2：讨论并思考在对整个拱桥进行受力分析时，左右基座施加的支持力有什么特点。

讨论结果：由对称性可知，左右基座对拱桥施加的支持力一样大。

问题和活动3：在对楔块A进行受力分析时，让学生讨论如何确定拱桥两侧所受作用力的方向。

讨论结果：拱桥由六个楔块组成，相当于将半圆分为六等分，这样可以确定作用力的方向。

问题和活动4：讨论并思考第（3）问中应以谁为研究对象，并画出受力分析图。

六 反思提炼

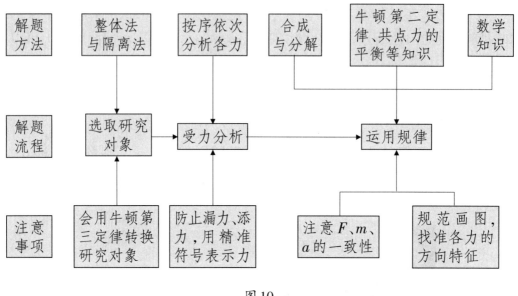

图10

连接体问题解题流程如图10所示，其中要注意以下几点：

1. 能运用整体法的前提是各物体具有相同的加速度a（包括$a = 0$的情况）。

2. 应根据解决问题的需要灵活恰当地选择研究对象。如果所求力为外力，就用整体法；如果所求力为内力，就用隔离法。求外力时，先隔离后整体；求内力时，先整体后隔离。先整体或先隔离的目的是求共同的加速度。

3. 研究对象确立后，在应用规律列方程时要注意和研究对象相对应的质量、重力及与质量相关的力等，避免出错。

七 针对练习

1. 如图11所示，甲、乙两个小球的质量均为 m，两球间用细线连接，甲球用细线悬挂在天花板上，两根细线长度相等。现给乙球一个大小为 F 的水平向左的拉力，给甲球一个大小为 $3F$ 的水平向右的拉力，平衡时细线均被拉紧，则平衡时两球的可能位置是（　　）。

图11

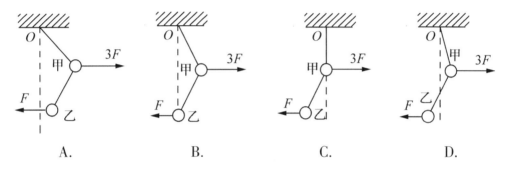

A.　　　　　B.　　　　　C.　　　　　D.

2. 中欧班列在欧亚大陆开辟了"生命之路"，为国际交流贡献了中国力量。如图12所示，某运送物资的班列由40节质量相等的车厢组成。在车头牵引下，列车沿平直轨道匀加速行驶时，第2节车厢对第3节车厢的牵引力为 F。若每节车厢所受的摩擦力和空气阻力均相等，则倒数第3节车厢对倒数第2节车厢的牵引力是多少？

图12

参考答案：1. B　　2. $\dfrac{F}{19}$

在竖直平面内运动物体的多解问题

浙江省富阳中学　姜勇明

诊断题目

　　如图1所示，某一游戏装置由轻弹簧发射器、长度 $L = 2\,\mathrm{m}$ 的粗糙水平直轨道 AB 和半径可调的光滑圆弧状细管轨道 CD 组成。已知轻弹簧储存的弹性势能 $E_\mathrm{p} = 0.35\,\mathrm{J}$，小球与 AB 的动摩擦因数为 $\mu = 0.25$，小球可视为质点，各轨道间连接平滑且间隙不计，不计物块与 AB 间碰撞反弹后的运动，若 CD 的半径为 R，求质量 $m = 0.05\,\mathrm{kg}$ 的小球被轻弹簧弹出后，小球静止时离 B 点的最远距离 s，并写出 R 应满足的条件。

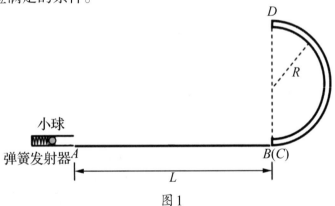

图1

参考答案

　　解：设小球恰能到 CD 的最高点，根据机械能守恒定律可得：

$$E_\mathrm{p} = \mu mgL + mg\,(2R),$$

解得 $R = 0.1\,\mathrm{m}$。

因此，若小球不过 CD 的最高点，随后沿着 CD 返回管口 B，后返回 AB。

需要满足 $R > 0.1\,\mathrm{m}$，根据动能定理可得：

$$mg\,(2R) - \mu mgs = 0 - 0,$$

解得 $s = 0.8 \, \text{m}$。

若小球越过 CD 的最高点，平抛至轨道 AB（不反弹），其射程为 s。

小球从初始至最高点的过程，由机械能守恒定律得：

$$E_p = \mu mgL + mg(2R) + \frac{1}{2}mv_D^2,$$

解得 $v_D = \sqrt{4 - 40R} \, \text{m/s}$。

则平抛射程 $s = v_D\sqrt{\dfrac{4R}{g}} = \sqrt{4-40R}\sqrt{\dfrac{4R}{g}} = \dfrac{2\sqrt{10}}{5}\sqrt{10(R-0.05)^2 0.025} \, \text{m}$，

当 $R = 0.05 \, \text{m}$ 时，$s_{max} = 0.2 \, \text{m}$。

综上，$s_{max} = 0.8 \, \text{m}$，此时 $R > 0.1 \, \text{m}$。

二 典型错误

小球从初始位置运动至最高点，由能量守恒定律可得：

$$E_p = \mu mgL + mg(2R) + \frac{1}{2}mv_D^2,$$

解得 $v_D = \sqrt{4-40R} \, \text{m/s}$。

则平抛射程 $s = v_D\sqrt{\dfrac{4R}{g}} = \sqrt{4-40R}\sqrt{\dfrac{4R}{g}} = \dfrac{2\sqrt{10}}{5}\sqrt{10(R-0.05)^2 0.025} \, \text{m}$，

因此，当 $R = 0.05 \, \text{m}$ 时，<u>$s_{max} = 0.2 \, \text{m}$</u>。

> 认为只有从 D 点平抛落地一种情况。

三 错误探析

师： 演示小球在竖直圆轨道运动的实验时
（如图2所示），老师把小球的位置逐
渐提高，你还记得当时的实验现
象吗？

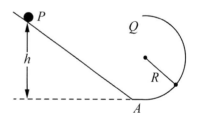

图2

生： 当释放的位置很低时，小球会原路返
回，来回滚动；当释放位置不高不低时，小球会脱离轨道；而当释放
位置足够高时，小球会通过最高点再飞出。

师： 那这道题，我们也可以把速度慢慢放大，同样能分析到所有情况。

生： 除了我写的一种情况外，还存在小球到达不了 Q 点，而沿轨道返回至

静止的情况。

该学生虽然具有判断物体做何运动的知识，但没有全面、发展、联系地看待问题，仅仅凭借以往经验而得出片面的结论。

（四）素养目标

与求解正确的同学交谈，了解他们分析离 B 点最远距离所有可能性的思维过程。

师：关于离 B 点最远距离的所有可能性，很多同学都没意识到沿轨道返回这种情况，你们是怎么想到的？

生：这类题一般都是分类讨论，我是借鉴了以往"不脱离轨道有两种情况：能通过最高点和不能越过圆心等高处"的经验，很自然地进行了分类讨论。

生：置身其中，以动态的视角来观察整个过程，在脑海中呈现的是一段连续的动画，而不是孤立的几张图片，要让画面"动起来"。

师：多解问题往往表现为"一因一果、多因多果"等。

生：是的。当看到"小球静止时离 B 点最远的距离"时，我在想，为什么会停下来？"从 D 点飞出落到 AB 时不反弹且静止"是一种情况，还有没有其他可能性呢？想到这就明确了。

总结正确解答同学的分析和解题过程可以看出，学生并不急于列方程求解，而是认真分析了类似问题的区别，对物体的运动过程进行重点分析，从问题的根本出发尝试寻找各种方法，比如速度逐渐变大的方法、质疑追问的方法等，然后选择合适的规律进行求解。

根据出错同学的素养水平确定教学起点，以正确同学的素养构成为蓝本，明确出错同学已有的素养水平和素养目标间的差距，设定本节内容的素养目标如下：

1. 通过实验演示，体会物体在竖直轨道平面运动的多种可能性。

2. 在处理有多种可能的运动类型的问题时，会有序、规范地分析。

3. 知道分析物体运动时需满足的多种约束条件，能从能量、受力、几何等方面有序列式进行求解。

五 纠正过程

任务1：演示物体在竖直轨道运动的多种可能性

问题情境：实验装置如图3所示。

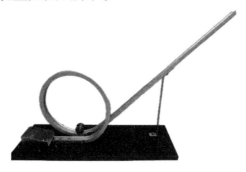

图 3

问题和活动1：当小球从较低位置（圆心等高线以下）释放时，观察并描述小球的运动情况（如图4所示）。

图 4

问题和活动2：当小球从较高位置（圆心等高线以上）释放时，观察并描述小球的运动情况（如图5所示）。

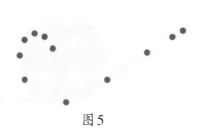

图 5

问题和活动3：当小球从很高的位置（能做完整的圆周运动）释放时，观察并描述小球的运动情况（如图6所示）。

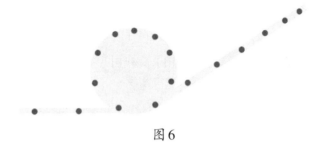

图6

任务2：分析物体运动存在多种可能性的原因

问题情境：如图7所示，某游戏装置由光滑平台、轨道 AB、竖直圆管道 $BCDEC'$（管道口径远小于管道半径）、水平轨道 CF、光滑直轨道 FG 平滑连接组成，B、C、C' 为切点，A、F 连接处小圆弧长度不计，A 点上方挡片可使小滑块无能量损失地进入轨道 AB。圆管道半径 $R = 0.2\,\mathrm{m}$，管道中内侧粗糙，外侧光滑。小滑块与轨道 AB、CF 的动摩擦因数均为 $\mu = 0.5$，AB 轨道长度 $l = 0.4\,\mathrm{m}$，倾角 $\theta = 37°$，CF 长度 $L = 2\,\mathrm{m}$，FG 高度差 $h = 0.8\,\mathrm{m}$，平台左侧固定一轻质弹簧。

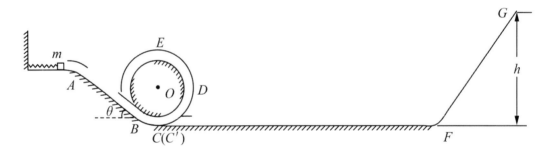

图7

问题和活动1：本题竖直面光滑，物体只在水平面克服摩擦力做功，机械能不断损失而停下来。请写出全程的动能定理方程。

问题和活动2：如何理解不脱离轨道？

问题和活动3：若物体从 FG 斜面返回，有可能脱离轨道吗？不脱离轨道需满足什么条件？

任务3：分析物体运动时需满足的多种约束条件

问题情境：某游戏装置如图8所示，固定于地面的水平轨道 AB、竖直半圆形轨道 BC 和竖直圆形管道 CD 平滑连接，B 和 C 分别是 BC 和 CD 的最低点。水

平平台 EF 可在竖直平面内自由移动。锁定的压缩弹簧左右两端分别放置滑块 a 和 b，解除锁定后，a 沿轨道 $ABCD$ 运动并从 D 点抛出。若 a 恰好从 E 点沿水平方向滑上 EF 且不滑离平台，则游戏成功。已知 BC 半径 $R_1 = 0.2\,\mathrm{m}$，CD 半径 $R_2 = 0.1\,\mathrm{m}$ 且管道内径远小于 R_2，对应的圆心角 $\theta = 127°$，EF 长度 $L = 1.08\,\mathrm{m}$，滑块与 EF 间动摩擦因数 $\mu = 0.25$，其他阻力均不计；滑块质量 $m_a = 0.1\,\mathrm{kg}$，$m_b = 0.2\,\mathrm{kg}$，且皆可视为质点。

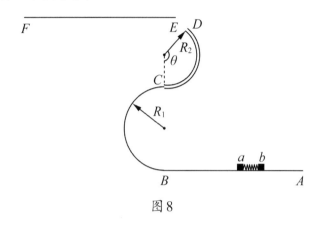

图 8

问题和活动 1：要使游戏成功，滑块 a 在 D 点的速度或者动能至少多大？

（能量观，临界问题）

问题和活动 2：物体到达 D 点前，还有其他制约条件吗？

（质疑，是否有其他制约条件）

问题和活动 3：拓展"势垒"概念，理解能量约束不等同于动力学约束。

如图 9 所示，小球从位置 A 运动至位置 D，需翻越位置 B 所对应的"势垒"。

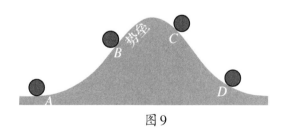

图 9

六 反思提炼

本类问题的主要错误在于忽视了物体运动的多种可能性而造成的漏解，需对物体运动过程进行详细分析，需对运算结果有质疑的意识，基本策略如下：

策略1：以渐变的视角，动态地分析。

类比"放缩圆法"解决带电粒子在有界场中临界问题，将物体的初速度逐渐变大（或变小），结合空间几何、物理极值等寻找临界点；根据N个临界状态，分解成N＋1个子过程具体分析，以便全面系统地解决问题。

策略2：质疑追问（流程如图10所示）。

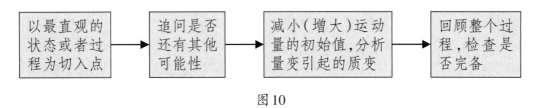

图 10

七 针对练习

1. 某游戏装置如图11所示，装置的右边部分由竖直固定的光滑圆弧轨道 BC、粗糙水平直线轨道 CD 与竖直固定的光滑圆轨道 DED' 组成（底端连接处 D 与 D' 略错开）。已知圆弧轨道 BC 的圆心为 O_1、半径 $R_1 = 1.2$ m，其 C 端与水平面相切，O_1B 与 O_1C 的夹角 $\theta = 60°$；水平直线轨道 CD 长度 $L = 1.2$ m，动摩擦因数 $\mu = 0.5$；圆轨道 DED' 的半径 $R_2 = 0.8$ m。将质量 $m = 0.2$ kg 的滑块 Q 置于 C 点，再将质量同为 $m = 0.2$ kg 的小球 P 经弹射装置从平台 A 点水平弹出，通过改变 AB 高度差 h、水平距离和小球 P 在 A 点的初速度大小，总能让小球沿 B 点的切线方向进入 BC 圆弧轨道，然后与滑块 Q 发生弹性碰撞。空气阻力不计，小球和滑块均可视为质点，重力加速度 g 取 10 m/s²，思考：要使 P 与 Q 仅碰撞 1 次，且滑块运动过程中不脱离轨道，求 h 需要满足的条件。

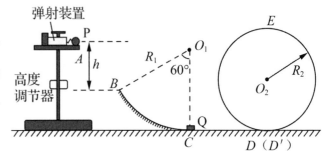

图 11

2. 如图12所示，某游戏装置由安装在水平台面上的高度可调的斜轨道 AB、竖直圆轨道（在最低点 E 分别与水平轨道 AE 和 EG 相连）、细圆管道 $GHIJ$（HI 和 IJ 为两段四分之一的圆弧）、与 J 相切的水平直轨道 JK 和弹性挡板组成。可认为所有轨道均处在同一竖直平面内，连接处均平滑。已知竖直圆轨道半径为 $r = 0.4$ m，小圆弧管道 HI 和大圆弧管道 IJ 的半径分别为 $R_1 = 0.2$ m，$R_2 = 0.8$ m，斜轨道水平长度 $L_1 = 1.5$ m 固定不变，$L_2 = 0.5$ m，$L = 1.0$ m。一可视为质点的滑块质量为 $m = 100$ g，滑块与 AB、EG 及 JK 间动摩擦因数均为 $\mu = 0.5$，其他轨道光滑，不计空气阻力，忽略管道内外半径差异。现调节斜轨道的高度，仍让滑块从 B 点由静止滑下，碰撞弹性挡板后返回。若滑块在第一次返回时，要求不脱离轨道，则斜轨道的高度 h 需满足什么条件？

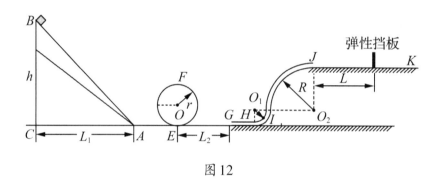

图 12

圆周运动半径变化问题

浙江省富阳中学　刘华斌

诊断题目

　　某兴趣小组设计了一个"螺丝"形的竖直轨道模型，如图1所示。将一质量 $m = 0.02\,\text{kg}$ 的小球放在 O 点。用弹簧装置将小球 m 从静止状态弹出，使其沿着半圆形竖直光滑轨道 OMA 和 ANB 运动（N 与圆心 O 在同一水平线上），已知圆弧 OMA 的半径 $r = 0.05\,\text{m}$，圆弧 ANB 半径 $R = 0.1\,\text{m}$，小球运动时始终没有脱离轨道（g 取 $10\,\text{m/s}^2$）。

　　求小球 m 通过 A 点的最小速度。

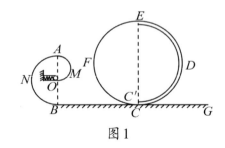

图1

➊ 参考答案

　　解：在 A 点，当轨道对小球的弹力恰好为0时，速度最小，重力提供向心力，根据牛顿第二定律可得 $mg = m\dfrac{v_A^2}{R}$，即 $v_A = \sqrt{gR}$。

　　又因为 A 点左右两侧的半径大小不一样，对应两个临界速度，应取较大的半径 R，解得 $v_A = 1\,\text{m/s}$。

二 典型错误

（一）错误类型一

解：恰好由重力提供向心力时，速度最小，

以 r 代入向心力公式可得 $mg = \dfrac{mv_A^2}{r}$，

解得 $v_A = \sqrt{gr} = \dfrac{\sqrt{2}}{2}$ m/s。

> 轨道半径选择错误。

（二）错误类型二

解：根据牛顿第二定律可得 $mg = \dfrac{mv^2}{R}$，

解得 $v_{\min} = \sqrt{gR} = \dfrac{\sqrt{2}}{2}$ m/s。

> 没有选择半径，看到数据拿来就用。

三 错误探析

（一）错误类型一访谈

师：请说明你是如何判断物体通过最高点所需的最小速度的。

生：竖直圆轨道模型中的小球在通过最高点时必须具有最小速度，这样重力提供向心力使其恰好通过最高点。

师：你是如何计算这个最小速度的？

生：把 r 与 R 分别代入公式 $v = \sqrt{gR}$ 中，经计算，两半径对应的两个速度为 $\dfrac{\sqrt{2}}{2}$ m/s 与 1 m/s，我选择了较小的。

师：你能详细描述一下该问题中的最高点有什么特点吗？

生：恰好是两个不同半径圆弧轨道的连接点。

师：要通过最高点，两个圆轨道都必须通过，那么速度应该满足什么条件呢？

生：我明白了，小球以 $\dfrac{\sqrt{2}}{2}$ m/s 的速度运动，无法通过半径 R 所对应的轨道的最高点。

在交流中发现，该学生在解答时直接取较小值，没有对轨道半径突然变化给予足够的重视，没有针对最高点具体情境作出合理判断。

（二）错误类型二访谈

师： 请说明你是如何计算物体经过最高点所需的最小速度的。

生： 过 A 点时小球对轨道压力恰好为 0，有最小速度。根据牛顿第二定律列式，再把 r 代入公式 $v = \sqrt{gR}$ 中，经计算，对应的速度为 $\frac{\sqrt{2}}{2}$ m/s。

师： 左右两边的半径一样吗？

生： 两个圆轨道的半径大小不同，半径大小之比为 2：1。

师： 要通过最高点，两个圆轨道都得通过，那么速度应该满足什么条件呢？

生： 当时我没有注意到圆轨道半径发生了变化，半径变化的情况好像不常见。

师： 对的，新课学习时，我们碰到的物理模型相对简单，变化相对较少，但随着学习的深入，我们会遇到更复杂的情境。

该学生处理竖直圆轨道拼接问题时，能够意识到不同，知道两个半径分别对应各自的最小速度。但他们未能准确理解，为了确保小球能通过最高点，其速度必须大于等于这两个速度中的较大值。出错同学的思维仍停留在圆周运动半径不变的模型上，凸显了学生处理半径变化问题的思维局限。

四 素养目标

与求解正确的同学交谈，了解其正确求解的分析思路。

师： 你们是如何确定临界速度的？

生1： 以前遇到过，知道要用较大的半径 R。

生2： 用了半径 r，发现数据很怪，倒回去推敲再准确求解。

生3： 注意到有两个半径，并呈现在图上，得出过最高点有两个最小速度，比较后选择 R。

生4： 知道小球做圆周运动的过程要过最高点，那么其速度必须大于等于最小临界速度，注意到圆周运动半径有可能变化。

求解正确的同学具有圆周运动半径可变的观念，并具有较好的画图、分析、推理等处理问题的能力。

根据出错同学的素养水平确定教学起点，以正确同学的素养构成为蓝本，明确出错同学已有的素养水平和素养目标间的差距，设定本节内容的素养目标：

1. 通过对悬挂点变化、带电粒子加速、碰撞的速度变化、带电粒子在不同的磁场中向心力变化的分析，能判断物体做圆周运动时的半径变化情况。

2. 通过分析带电粒子在交替场中的运动，知道半径变化所对应的临界问题，能通过几何关系确定半径的临界值。

3. 通过分析带电粒子在复合场中的运动，知道速率变化的曲线运动，能通过分解和合成的方式处理半径变化问题。

五 纠正过程

任务1：分析半径变化

问题情境：半径有变化的圆周运动。

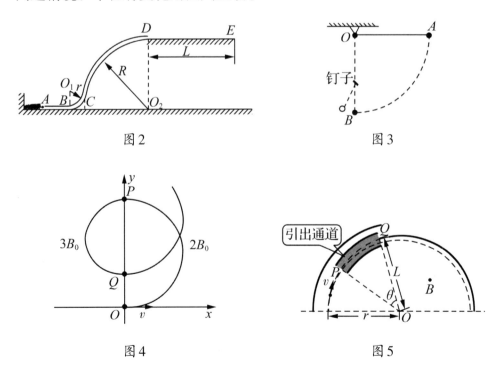

图2　　　　　　　　　　图3

图4　　　　　　　　　　图5

问题和活动1：图2中运动物体经过C点时，运动半径怎么变化？

问题和活动2：图3中运动物体在悬绳碰到钉子时，运动半径怎么变化？

问题和活动3：图4中带电粒子经过不同的磁场时，运动半径如何变化？

问题和活动4：图5中带电粒子经过叠加场时，运动半径如何变化？

问题和活动5：分析运动半径发生变化的可能原因。

任务2：分析交替场中带电粒子的半径变化

问题情境1：图6所示为回旋加速器的D形盒与回旋加速器的原理图。

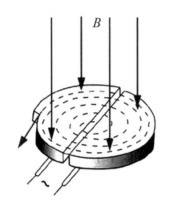
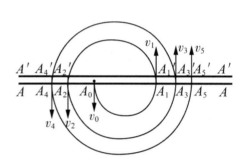

图6

问题和活动1：分析运动半径与粒子动能之间的关系。

问题和活动2：比较每次粒子加速前后的半径变化。

问题和活动3：被加速粒子的最大半径是多少？

问题和活动4：分析粒子最终动能大小的决定因素。

问题和活动5：判断带电粒子在回旋加速器中半径的变化趋势及临界条件。

问题情境2：如图7所示，在无限长的竖直边界 NS 和 MT 间，有垂直于 $NSTM$ 平面向外和向内的匀强磁场，磁感应强度大小分别为 B 和 $2B$，KL 为上下磁场的水平分界线，在 NS 和 MT 边界上，距 KL 高 h 处分别有 P、Q 两点，NS 和 MT 间距为 $1.8\,h$。质量为 m、带电荷量为 $+q$ 的粒子从 P 点垂直于 NS 边界射入该区域，在两边界之间做圆周运动。

问题和活动1：画出粒子在两磁场区的运动轨迹示意图。

问题和活动2：粒子要恰好不从 NS 边界飞出，其轨迹与边界应该呈什么关系？

问题和活动3：两个区域运动半径与 h 有什么关系？

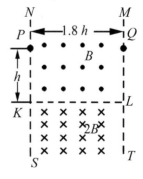

图7

问题和活动4：分析带电粒子在交替场中半径的变化特点与临界条件。

任务3：分析复合场中的半径变化

问题情境：如图8所示，在x轴下方有垂直坐标平面向里的匀强磁场，磁感应强度大小为$B = \dfrac{mg}{qv_0}$，$t = 0$时刻，质量为m、带电量为$+q$的绝缘小球，从x轴的O点，沿y轴负方向以速度v_0射入磁场，不计空气阻力，重力加速度为g。

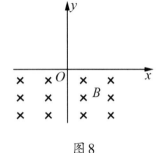

图8

问题和活动1：分析粒子在重力和洛伦兹力的共同作用下，其轨迹是否为圆弧。

问题和活动2：假设洛伦兹力恰好可以平衡重力，那么带电粒子怎么运动？

问题和活动3：配上与重力平衡的洛伦兹力后，粒子将以怎样的初始速度开始运动？

问题和活动4：配上与重力平衡的洛伦兹力后，粒子可以看成是哪两种运动的叠加？

问题和活动5：计算磁场内小球离x轴的最远距离及对应的速度大小。

问题和活动6：带电粒子在叠加了重力（电场力）的磁场中运动时，其运动半径怎么变化？

六 反思提炼

判断物体运动半径是否发生变化的一般流程如图9所示：

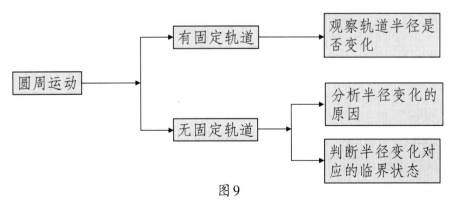

图9

七 针对练习

1. 带电粒子进入云室会使云室中的气体电离，从而显示其运动轨迹。如图 10 所示，在垂直纸面向里的匀强磁场中观察到某带电粒子的运动轨迹，其中 a 和 b 是运动轨迹上的两点。该粒子使云室中的气体电离时，其本身的动能在减少，而其质量和电荷量不变，重力忽略不计。下列说法正确的是（　　）。

A. 粒子带正电

B. 粒子先经过 a 点，再经过 b 点

C. 粒子运动过程中洛伦兹力对其做负功

D. 粒子运动过程中所受的洛伦兹力逐渐减小

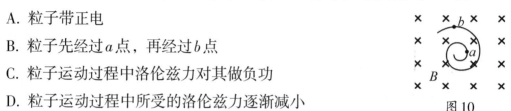

图 10

2. 在现代研究受控热核反应的实验中，需要把 $10^7 \sim 10^9$ K 的高温等离子体限制在一定空间区域内，这样的高温下几乎所有作为容器的固体材料都将熔化，磁约束就成了重要的技术。如图 11 所示，科学家设计了一种中间弱、两端强的磁场，该磁场由两侧通有等大同向电流的线圈产生。假定一带正电的粒子（不计重力）从左端附近以斜向纸内的速度进入该磁场，其运动轨迹为图 11 所示的螺旋线（未全部画出）。此后，该粒子将被约束在左右两端之间来回运动，就像光在两个镜子之间来回"反射"一样，不能逃脱。这种磁场被形象地称为磁瓶，磁场区域的两端被称为磁镜。根据上述信息并结合已有的知识，可以推断该粒子（　　）。

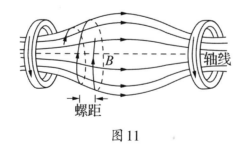

图 11

A. 从左端到右端的运动过程中，沿磁瓶轴线方向的速度分量逐渐变小

B. 从靠近磁镜处返回时，在垂直于磁瓶轴线平面内的速度分量为最大值

C. 从左端到右端的运动过程中，其动能先增大后减小

D. 从左端到右端的运动过程中，其运动轨迹的螺距先变小后变大

参考答案：1. D　　2. B

机车启动问题

浙江省文成中学　郑智超

诊断题目

小明驾驶额定功率为 1200 W，最大牵引力为 300 N，质量为 20 kg 的卡丁车完成指定任务，需要用最短时间跑完一段位移为 85.2 m 的直轨道，并且出发和到达终点时，速度都为零才算完成任务。减速时的最大加速度不超过 5 m/s²，整个过程中卡丁车所受到的阻力恒定为 200 N，取 $g = 10\ \text{m/s}^2$，则完成任务的最短时间是多少？

● 参考答案

解：为了在最短时间内完成任务，先以最大牵引力让小车做匀加速运动，达到额定功率后，保持功率不变，直到小车达到最大速度，接着进行匀速运动，最后以最大加速度做匀减速运动，使小车在终点速度刚好为零。

在第一阶段，小车做匀加速直线运动，

根据牛顿第二定律可得

$$a_1 = \frac{F_{\max} - F_{\text{f}}}{m} = 5\ \text{m/s}^2,$$

当功率达到额定功率时，设小车的速度为 v_1，则有 $v_1 = \dfrac{P_{\text{额}}}{F_{\max}} = 4\ \text{m/s}$，

此过程所用时间和运动位移分别为

$$t_1 = \frac{v_1}{a_1} = 0.8\ \text{s}, \quad x_1 = \frac{v_1^{\,2}}{2a_1} = 1.6\ \text{m},$$

小车以最大速度做匀速运动时，有 $F_{\text{牵}} = F_{\text{f}}$，得 $v_{\max} = \dfrac{P_{\text{额}}}{F_{\text{f}}} = 6\ \text{m/s}$。

小车最后以最大加速度做匀减速运动的时间和运动位移分别为

$t_3 = \dfrac{v_{\max}}{a_{\max}} = 1.2\ \text{s}, \quad x_3 = \dfrac{v_{\max}{}^2}{2a_{\max}} = 3.6\ \text{m}_\circ$

设小车从结束匀加速运动到开始做匀减速运动所用时间为t_2，

该过程根据动能定理可得

$P_{额}t_2 - F_{f}x_2 = \dfrac{1}{2}mv_{\max}{}^2 - \dfrac{1}{2}mv_1{}^2$，

又因为$x_2 = x_{总} - x_1 - x_3 = 80\ \text{m}$，

联立解得$t_2 = 13.5\ \text{s}_\circ$

故小车完成任务的最短时间为

$t_{\min} = t_1 + t_2 + t_3 = 0.8\ \text{s} + 13.5\ \text{s} + 1.2\ \text{s} = 15.5\ \text{s}_\circ$

⬤ 典型错误

（一）错误类型一

解：要以最短时间完成任务，小车的牵引力要尽可能大，小车的速度要尽量大，则小车运动的速度$v = \dfrac{P}{F} = \dfrac{1200\ \text{W}}{300\ \text{N}} = 4\ \text{m/s}$，

根据能量守恒定律可得$\dfrac{1}{2}mv^2 = Pt - F_{f}x$，

解得$t = 14.3\ \text{s}_\circ$

> 以为整个过程小车都以额定功率运动。

（二）错误类型二

解：小车以最大速度行驶时处于平衡状态，牵引力功率达到额定功率，牵引力的大小等于阻力的大小，

此时小车达到最大速度$v_{\max} = \dfrac{P}{F_{f}} = \dfrac{1200\ \text{W}}{200\ \text{N}} = 6\ \text{m/s}$，

$a_{\max} = 5\ \text{m/s}^2{}_\circ$

由$v^2 - v_0{}^2 = 2ax_1$，解得$x_1 = 3.6\ \text{m}$，

由$v = at$，解得$t_1 = 1.2\ \text{s}$，

由$x_2 = x_{总} - 2x_1 = (85.2 - 2 \times 3.6)\ \text{m} = 78\ \text{m}$，

> 误认为加速过程和减速过程小车运动状态相同。

解得$t_2 = \dfrac{x_2}{v_m} = 13\ \text{s}_\circ$

综上，$t_{总} = 2t_1 + t_2 = 15.4\ \text{s}_\circ$

三 错误探析

（一）错误类型一访谈

师：请说明你是如何计算完成任务所需的最短时间的。

生：当小车全程以额定功率运动时，所需时间最短。根据能量守恒定律，小车做的功全部转化为小车的动能和克服阻力所做的功，即计算出运动时间 $t = 14.3\,\text{s}$。

师：你是如何得出小车在整个过程中都以额定功率运行这一观点的呢？

生：要使整个过程所用的时间最短，那么小车做功就要快一些。

师：你说的也有一定的道理，那么小车在刚开始启动时，能马上达到额定功率吗？

生：应该可以吧？有什么问题吗？

师：汽车以最大加速度开始加速，牵引力达到最大值。若用 $P = F_{牵}v$ 来计算汽车功率，其中 $F_{牵} = 300\,\text{N}$，汽车功率随着速度的不断增大而提高。这一结果是否和你的观点有冲突？

生：我知道了！小车在加速的过程中，功率先变大，再达到额定功率。

该学生的主要错误在于对公式 $W = Pt$ 的适用范围理解不准确。此公式只适用于恒定功率做功。在上述问题中，学生未能正确判断加速过程中小车功率的变化情况，对小车运动过程中的能量转换关系认识不清。

（二）错误类型二访谈

师：请说明你求解运动所需最短时间的思路。

生：我是从运动学的角度思考问题的。小车先做匀加速直线运动，接着做匀速直线运动，最后做匀减速直线运动。通过分析各段运动时间，得出最短时间。

师：你是如何得到各段运动所需要的时间的？

生：小车做匀速直线运动时，$F_{牵} = F_{\text{f}} = 200\,\text{N}$，根据 $P = F_{牵}v$ 可知，匀速运动时的速度为 $v = 6\,\text{m/s}$。由于匀加速和匀减速运动的初末速度相同，为了使运动的时间最短，取加速度最大值 $a = 5\,\text{m/s}^2$，根据 $t = \dfrac{\Delta v}{a}$ 和

$v^2 - v_0^2 = 2ax$ 可知匀加速和匀减速运动的时间和位移分别都是 $t = 1.2\,\text{s}$，$x = 3.6\,\text{m}$。则剩余匀速运动的位移为 $x_匀 = x_总 - 2x = 78\,\text{m}$，时间为 $t_匀 = 13\,\text{s}$。总时间为 $t_总 = 2t + t_匀 = 15.4\,\text{s}$。

师： 虽然你的想法很棒，但是小车存在额定功率。你是否考虑过小车在你设计的运动过程中，能否满足题干中的所有条件？

生： 我在做题时，并没有判断这一问题。

生： 在我设想的运动过程中小车超出了额定功率，那么加速过程的时间和位移应该和减速过程的不同。

该学生的主要错误在于没有正确区分小车加速过程和减速过程的运动状态，尚未掌握分析复杂系统运动状态的方法。

（四）素养目标

与求解正确的同学交谈，了解他们的思维过程。以下是与正确分析小车运动过程的同学的访谈。

师： 小车以最短时间完成运动，其运动过程究竟是怎样的？你是怎么想的？

生1： 想要以最短时间完成运动，那么小车的加速过程要尽可能快，这意味着牵引力要尽可能大，功率也要尽可能大。

生2： 我赞同上述观点。在加速部分的前半段，小车以 $a = 5\,\text{m/s}^2$ 的加速度去加速，此时 $F_牵 = 300\,\text{N}$。达到最大速度之后，小车开始做匀速直线运动，此时 $F_牵 = F_f = 200\,\text{N}$。因此加速过程不可能完全是匀加速，加速过程的后半段应该是加速度减小的加速运动。

生1： 紧接着就是一段匀速直线运动和一段 $a = 5\,\text{m/s}^2$ 的匀减速直线运动，末速度为0。将三段位移所用的时间相加，就可得到整个运动的最短时间。

师： 这个运动过程非常容易混淆，你们有什么好的解题技巧吗？

生2： 我习惯画出小车的速度—时间图像，它能够帮助我更好地分析小车复杂的运动状态。

生1： 也可以用图像来表示小车在各个时间点的运动状态。

在以前的学习过程中，学生已经遇到过机车启动的问题情境。部分学生能够正确求解机车启动问题，具备较强的分析物体复杂运动过程的能力。学生可以通过画出速度—时间图像来分析小车的运动过程。

根据出错同学的素养水平确定教学起点，以正确同学的素养构成为蓝本，明确出错同学已有的素养水平和素养目标间的差距，设定本节内容的素养目标如下：

1. 能够分析不同条件下汽车的加速问题，建立小车在恒定功率加速和恒定牵引力加速过程中的不同模型。理解小车在以最大牵引力加速的过程中，先以最大牵引力加速，达到额定功率后，以额定功率加速，并能够在具体问题中判断小车的加速状态。

2. 能够通过画$v-t$图像的方法来求解机车启动问题。

五 纠正过程

任务1：分析机车启动问题中机车运动状态的变化

问题情境1：小车以恒定功率启动。

牵引力F的功率P不变

图1

问题和活动1：小车以恒定功率启动，分析小车的运动状态。

（定性分析小车运动状态）

问题和活动2：计算小车运动达到最大速度后的速度大小。

（达到最大速度时，$F_{牵} = F_f$，通过$P = F_{牵} v$分析）

牵引力F的功率P不变

图2

问题情境2：小车以恒定牵引力启动。

问题和活动1：小车以恒定牵引力启动，分析小车的运动状态。

（定性分析小车运动状态）

问题和活动2：计算小车运动达到最大速度后的速度大小。

（达到最大速度时，$F_牵 = F_f$，通过 $P = F_牵 v$ 分析）

问题和活动3：小车的两种启动模式有什么异同点？

（小车可以维持恒定功率达到最大速度）

小车以恒定牵引力启动时，开始做匀加速直线运动。随着速度的增加，小车的实际功率也在增加。当实际功率达到额定功率后，小车将无法继续以恒定牵引力进行加速，牵引力会减小，此时将变为恒定功率运动，最终达到最大速度。

任务2：简化机车启动问题的分析过程

问题情境1：小车以恒定功率启动。

问题和活动1：画出小车运动的 $P - t$ 图像。

问题和活动2：画出小车运动的 $v - t$ 图像。

问题和活动3：分析两幅图像的异同点。

问题情境2：小车以恒定牵引力启动。

问题和活动1：画出小车运动的 $P - t$ 图像。

问题和活动2：画出小车运动的 $v - t$ 图像。

问题和活动3：分析两幅图像的异同点。

问题和活动4：小结求解机车启动问题的思想方法和流程。

（思想方法：$P - t$ 图、$v - t$ 图）

（流程：判断机车启动类型→分析小车运动状态→画出 $P - t$ 图像→画出 $v - t$ 图像→计算运动相关物理量）

六 反思提炼

机车启动问题的解题流程如图3所示：

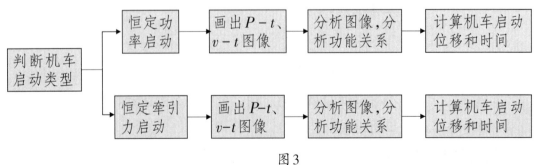

图3

七 针对练习

1. 一辆试验用的汽车质量 $m = 180$ kg，在水平的公路上由静止开始匀加速启动，当功率达到 7.2×10^3 W 后保持功率恒定，匀加速持续的时间是 8 s，该车运动的速度与时间的关系如图4所示，汽车在运动过程中所受阻力不变，重力加速度 g 取 10 m/s²。求：从静止开始到 18 s 末该车所受牵引力所做的功。

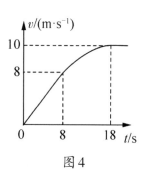

图 4

2. 在测试新款汽车发动机性能时，某款汽车在倾角为 θ 的长直斜坡上由静止启动，汽车的输出功率与速度的关系图像如图5所示，当汽车的速度增大到 v_0 后保持最大功率不变，汽车能达到的最大速度为 $2v_0$。汽车的质量为 m，汽车启动过程中所受摩擦阻力大小恒为 f，不计空气阻力，重力加速度大小为 g。求：

（1）汽车发动机的最大功率。

（2）当汽车的速度大小为 v_0 时，其加速度大小。

（3）汽车的速度从 0 增大到 v_0 所用的时间。

（4）在汽车的速度从 0 增大到 v_0 的过程中，汽车发动机做的功。

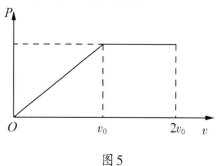

图 5

参考答案： 1. $W = 1.008 \times 10^5$ J　　2.（1）$P_{\max} = 2fv_0 + 2mgv_0\sin\theta$　（2）$a = \dfrac{f + mg\sin\theta}{m}$

（3）$t = \dfrac{mv_0}{f + mg\sin\theta}$　（4）$W = mv_0^2$

绳子绷直瞬间拉力做功与小球速度变化问题

杭州市富阳区实验中学　徐琛

诊断题目

如图1所示，用长为l的轻质柔软绝缘细绳，拴一质量为m、电荷量为q的带正电小球，细绳的上端固定在电场强度$E = \dfrac{mg}{q}$的匀强电场中的O点，匀强电场方向水平向右，分布的区域足够大。现将小球从O点的左方由水平位置C点（此时绳子恰好伸直）无初速度释放，求：小球能达到的最大高度H（相对于最低点B）。

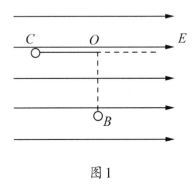

图1

参考答案

小球由C点释放后，做匀加速直线运动，到B点时的速度为v_B。

小球做匀加速直线运动的加速度为a，则$a = \dfrac{F_合}{m} = \sqrt{2}\,g$，

解得$v_B = \sqrt{2a \times \sqrt{2}\,l} = 2\sqrt{gl}$。

小球到B点时细绳恰好绷直，将v_B分解为v_{B1}和v_{B2}（如图2所示），

则 $v_{B1} = v_{B2} = v_B \cos 45° = \sqrt{2gl}$。

绳子绷直瞬间 v_{B2} 突变为 0，设此后小球做圆周运动，设运动到 D 点恰好速度为 0，小球由 B 点到 D 点的过程，由动能定理得

$$-mg(l + l\sin\theta) + qEl\cos\theta = -\frac{1}{2}mv_{B1}^2,$$

解得 $\theta = 45°$。

判断可知到达 D 点前小球一直沿圆轨道运动，所以小球离 B 点的最大高度为

$$H = l + l\sin\theta = \frac{2 + \sqrt{2}}{2}l。$$

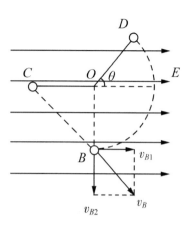

图 2

二 典型错误

（一）错误类型一

如图 3 所示，小球释放后做圆周运动。

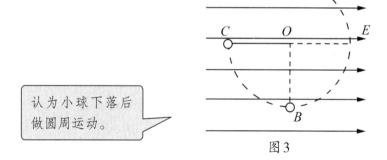

认为小球下落后做圆周运动。

图 3

（二）错误类型二

设小球运动到最高点时绳子与水平方向夹角为 θ，从 C 点运动到最高点 D。如图 4 所示，可得 $qE(l + l\cos\theta) = mgl\sin\theta$，

解得 $\theta = 90°$。

认为从 C 点运动到最高点的过程中，只有重力和电场力做功。

因此，小球离 B 点的最大高度为 $H = 2l$。

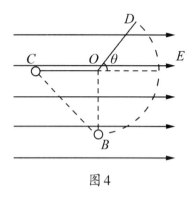

图 4

（三）错误类型三

如图 4 所示，小球从 C 点运动到 B 点，由动能定理得 $\frac{1}{2}mv_B^2 = mgl + qEl$，

从 B 点运动到 D 点，设小球运动到最高点时绳子与水平方向夹角为 θ，由

动能定理得 $-mg(l + l\sin\theta) + qEl\cos\theta = -\frac{1}{2}mv_B^2$，

解得 $\theta = 90°$。

因此，小球离 B 点的最大高度为 $H = 2l$。

> 认为绳子绷直前后 B 点速度不变。

二 错误探析

（一）错误类型一访谈

师： 你认为小球下落后做圆周运动的依据是什么？

生： 我是根据以往圆周运动问题求解的经验得出来的，以往把一个小球拉开一个角度后释放，小球做圆周运动。

师： 如何判断物体做直线运动还是曲线运动？

生： 看合力方向与速度方向是否共线。

该学生虽然具有判断物体做何种运动的知识，但没有根据实际情况进行深入分析，仅仅凭借以往经验得出片面结论。

（二）错误类型二访谈

师： 你研究的是哪个过程？你认为这个过程中绳子的拉力做功吗？

生： 从 C 点到最高点，这是个多过程问题，过 B 点前绳子没有拉力，过 B 点后拉力方向与运动方向垂直，整个过程拉力不做功。

师： 那么 B 点绳子绷直瞬间拉力做功吗？

生： 这么短的瞬间拉力也会做功吗？

师： 你可以尝试用实验方法观察并分析一下绷直前后小球的动能变化。

该学生认为运动到 B 点前拉力不做功，而运动过 B 点后拉力还是不做功，于是认为整个过程中拉力都不做功。学生没有考虑拉力在瞬间的做功（小球能量变化）问题，其实是缺乏小球在绳子绷直前后能量变化的知识。

（三）错误类型三访谈

师： 你是怎么选择研究过程的？

生： 我是分段进行的，先选择 CB 求出 B 点的速度，再选择 B 到最高点的过程。

师： 你认为直线运动到 B 点和从 B 点开始做圆周运动时的速度相同吗？

生： 同样是 B 点的速度，当然相同了。

师： 你可以试着画一下 B 点绳子绷直前后的速度方向。

该学生认为同样是 B 点的速度不会变化，既缺乏速度变化的知识，也没有认识到绳子的制约作用，还不会运用速度分解方法。

（四）素养目标

与求解正确的同学交谈，了解他们画出小球运动轨迹的方法，以及判断绳子拉力做功和绳子绷直瞬间速度的变化的思路。

师： 很多同学认为小球释放瞬间做圆周运动，你为什么认为是直线运动？

生： 一开始我也觉得是圆周运动，但本情境存在电场力，因此我认为可能会有变化。

师： 你是怎么判断的呢？

生： 我先对物体进行了受力分析，合成后发现合力往右下方 45°，这样的话小球释放后会往合力方向运动，绳子就不起作用了，就成了初速度为 0 的物体在恒力作用下的匀加速度直线运动，一直到绳子绷直。

师： 有同学用 $Eq(l + l\cos\theta) = mgl\sin\theta$ 进行求解，你觉得有问题吗？

生： 我觉得 B 点前后小球的运动轨迹不同，速度发生变化，动能也变化了，绳子拉力应该做功了，所以这两个力做功大小是不等的。

师： 是的，绳子绷直瞬间拉力做功了，你也可以用力做功的条件解释。

生： 绷直瞬间有拉力，绳子瞬间伸直，小球在绳子方向有位移，与拉力方向相反，做负功。

师：你是怎么确定小球最后阶段的运动轨迹的？

生：一开始我也不能确定小球会不会和释放时一样最后有一段直线运动，后来我用等效场的方法作了判断，发现小球速度为零的位置绳子刚好处于临界状态，那么过B点后就一直是圆周运动了，绳子拉力不做功的，所以我就对B点到最高点过程用动能定理求解。

总结正确解答同学的分析和解题过程可以看出，学生并不急于列方程求解，而是认真分析了本题与类似问题的区别，重点进行受力分析和运动分析。从问题的根本出发探索尝试各种方法，比如判断物体运动轨迹的方法、判断物体做功的方法等，然后选择合适的规律进行求解。综合学生的错误类型分析和正确解答同学的思维过程，设定本节内容的素养目标如下：

1. 通过对小球的受力和运动分析，认识小球释放后不同的运动状态，能画出小球的运动轨迹。

2. 根据绷直前后的运动状态判断小球的绷直瞬间速度大小的变化，能判断绳子绷直瞬间拉力做功及其正负，对速度变化原因作出解释。

3. 会判断在重力和电场力共同作用下，绳子绷直瞬间的位置，分析小球运动过程中各力做功情况。

五 纠正过程

任务1：确定小球的运动轨迹

问题情境：小球1在空中自静止释放（如图5所示），带正电的小球2在水平向右的匀强电场中静止释放（如图6所示）。

问题和活动1：讨论小球1和小球2分别做什么运动。

问题和活动2：定性画出小球2的受力分析图和运动轨迹图。

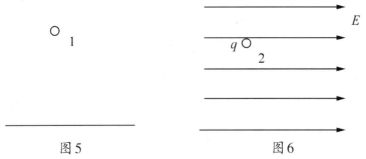

图5　　　　　　　　　　　图6

任务2：探究不同位置释放小球时绳子的状态

问题情境：将小球在竖直平面内拉开，绳子处于拉直状态，待释放。如图7所示，小球在悬点下方；如图8所示，小球在悬点上方。

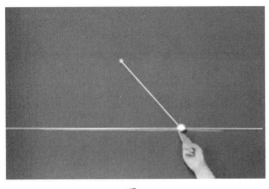 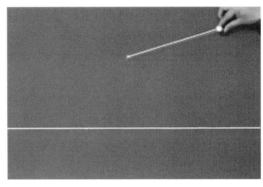

图 7　　　　　　　　　　　　图 8

问题和活动1：猜想小球的运动轨迹。

问题和活动2：观察实验和慢放视频（如图9和图10所示），描述实验现象（运动轨迹、线是否绷直、小球运动到左侧时的最大高度）。

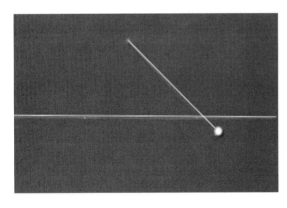 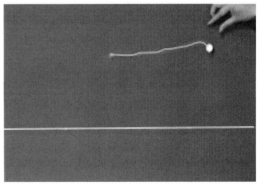

图 9　　　　　　　　　　　　图 10

任务3：研究绳子绷直瞬间拉力做功

问题情境：绳子绷直前后小球运动轨道，如图11所示。

问题和活动1：猜想实验中（如图11所示）哪个环节中有机械能损失。

问题和活动2：分析绳子绷直前后小球速度如何变化（如图12所示）。

（由运动轨迹确定绳子绷直前后的速度，由运动分解明确绳子绷直后速度减小）

问题和活动3：探讨绳子绷直前后哪个力做功导致机械能损失（如图13所示）。

（绳子拉力做负功导致机械能损失）

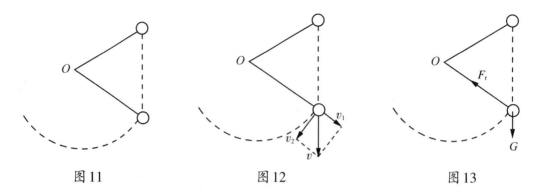

图11　　　　　　　　图12　　　　　　　　图13

任务4：评析"诊断题目"的典型错误，理清正确求解思路

问题情境："诊断题目"中小球的运动过程。

问题和活动1：分析小球运动情况，探讨过程中小球能量的变化情况（如图14、图15所示）。

问题和活动2：展示典型错解，评析错因。

问题和活动3：叙述正确求解思路。

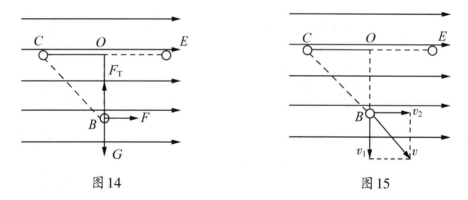

图14　　　　　　　　　　　　图15

六 反思提炼

本类问题的主要错误在于忽视了绳子绷直瞬间的拉力的做功情况和小球的速度变化，需对物体进行受力分析和运动分析，借助绷直前后的运动状态确定在这个特殊位置瞬间的速度变化，并能判断绳子绷直瞬间拉力做功及其正负，解题思维流程如图16所示：

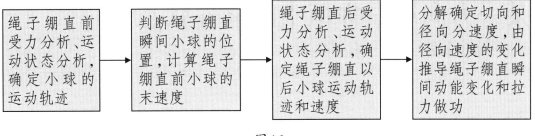

图16

七 针对练习

1. 如图17所示，质量为 m 的小球与一根不可伸长的长为 l 的轻绳相连接，绳的另一端固定于 O 点，现将小球拉到跟水平方向成30°角的上方（绳恰好伸直），将小球自由释放，求：小球运动到最低点时受到绳子的拉力大小。

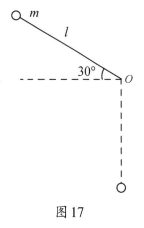

图17

2. 如图18所示，用长为17 cm的轻质柔软绝缘细线，拴一质量为 1.0×10^{-2} kg的带正电小球，细线的上端固定于 O 点。现加一水平向右的匀强电场，电场平面足够大，平衡时细线与铅垂线成30°。现向左拉小球，使细线水平且拉直，静止释放，$g = 10$ m/s²。求：小球第一次通过 O 点正下方时的速度大小。

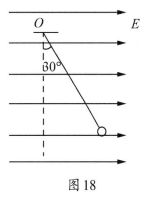

图18

参考答案：1. $F = 3.5\,mg$ 2. $v = 2.1\,\text{m/s}$

某一方向动量守恒中的临界状态问题

杭州市富阳区第二中学　朱吴军　钟丽霞

诊断题目

带有 $\frac{1}{4}$ 光滑圆弧轨道，$R = 1.2\,\text{m}$，质量 $M = 4\,\text{kg}$ 的小车静止置于光滑水平面上，如图1所示。一质量 $m = 2\,\text{kg}$ 的小球以速度 $v_0 = 5\,\text{m/s}$ 水平向右冲上小车，水平轨道光滑。

（1）通过计算说明小球能否冲出圆弧轨道端口。

（2）若 $v_0 = 8\,\text{m/s}$，小球离开车时小球和车的速度分别是多少？

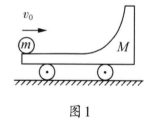

图1

参考答案

解：小球与小车组成的系统水平方向上不受外力，所以系统水平方向动量守恒。

（1）假设小球不冲出圆弧，且冲上圆弧的最大高度为 h。这时小球和小车在水平方向共速，且小球在竖直方向上的速度为0。以水平向右为正方向，分析小球从最左端到最高点的过程。

小球与小车组成的系统在水平方向动量守恒，有 $mv_0 = (m + M)v$，

根据机械能守恒可得 $mgh = \frac{1}{2}mv_0^2 - \frac{1}{2}(m + M)v^2$。

代入数据解得 $h = \dfrac{5}{6}\,m < R$，

所以小球未冲出轨道。

（2）若 $v_0 = 8$ m/s，假设小球不冲出圆弧，且冲上圆弧的最大高度为 h'，这时小球和小车水平方向共速 v'，且小球竖直方向的速度为 0，对小球从最左端到最高点的过程，以水平向右为正方向。

小球与小车组成的系统在水平方向动量守恒，有 $mv_0 = (m + M)\,v'$，

根据机械能守恒可得 $mgh' = \dfrac{1}{2}mv_0^2 - \dfrac{1}{2}(m + M)\,v'^2$，

代入数据，解得 $h' = \dfrac{32}{15}\,m > R$。

因此假设不成立，小球会冲出圆弧轨道的最高点。

冲出后，由于小球在水平方向上的速度与小车的速度相同，故在水平方向上都做匀速直线运动。小球从圆弧的右端落回到小车上，之后继续沿水平轨道运动。整个过程中，水平方向动量守恒，有 $mv_0 = mv_m + Mv_M$，

根据机械能守恒可得 $\dfrac{1}{2}mv_0^2 = \dfrac{1}{2}mv_m^2 + \dfrac{1}{2}Mv_M^2$，

联立两式并代入数据得 $v_m = -\dfrac{8}{3}$ m/s（负号表示与规定的正方向相反，即水平向左），$v_M = \dfrac{16}{3}$ m/s（水平向右）。

🔵 典型错误

（一）错误类型一

解：（1）两者共速时最高，设速度为 v，

小球和小车组成的系统水平方向动量守恒，有 $mv_0 = (m + M)\,v$，

解得 $v = \dfrac{5}{3}$ m/s。

小球从最低点到最高点过程机械能守恒，可得 $-mgh = \dfrac{1}{2}mv^2 - \dfrac{1}{2}mv_0^2$，

解得 $h = 1.1\,m < R$。

所以小球不会冲出圆弧轨道。

> 以为小球机械能守恒。

（二）错误类型二

解：（2）取向右为正，设冲出时小球速度为v_1，小车速度为v_2，

小球和小车组成的系统动量守恒，可得$mv_0 = mv_1 + Mv_2$，

小球和小车组成的系统机械能守恒可得

$$\frac{1}{2}mv_0^2 = \frac{1}{2}mv_1^2 + \frac{1}{2}Mv_2^2 + mgR。$$

> 以为小球到小车最高点离开。

三 错误探析

（一）错误类型一访谈

师： 怎么理解公式$-mgh = \frac{1}{2}mv^2 - \frac{1}{2}mv_0^2$？

生： 分析小球的做功情况和初末状态，列出动能定理方程。

师： 你认为小球受到了什么力？

生： 重力、支持力。

师： 支持力做功吗？

生： 支持力方向与小球速度方向垂直，所以不做功。

师： 小球速度方向朝向哪里？

生： 沿圆弧切线方向。

师： 有没有考虑过小车的运动方向？

生： 小车向右运动，小球相对于小车有沿圆弧切线方向的速度，同时小球也参与了小车水平方向的运动，因此小球的实际速度并不垂直于支持力，所以支持力对小球是做功的。我应该如何找到功能关系呢？

师： 想一想系统的能量转化，除了在动能和重力势能之间转化外，是否还有其他形式的能量转化？

生： 没有。

师： 机械能总量变不变？

生： 系统机械能守恒！

该学生的错误原因在于受力分析和运动分析不清晰，从而导致做功判断错误，列错关系式。从中也可以看出该学生并没有很好地建立起能量守恒观念。

（二）错误类型二访谈

师：系统动量守恒的条件是什么？

生：系统所受合力为0。

师：小球竖直方向是否有加速度？

生：有。

师：既然有加速度，试分析竖直方向的合力。

生：合力不为零，所以系统动量是不守恒的。

师：谈谈对这个公式的理解：$\frac{1}{2}mv_0^2 = \frac{1}{2}mv_1^2 + \frac{1}{2}Mv_2^2 + mgR$。

生：小球冲出时的速度为v_1，小车速度为v_2，系统机械能守恒。

师：冲出后小球会怎么运动？

生：先上升，再落下。

师：是否会落回小车？

生：不知道该怎么判断。

首先，该学生没有对系统进行正确的受力分析，因此无法判断系统在某一方向上的动量是否守恒。其次，他没有找到此类问题中最高点这一临界状态的特点，对小球冲出后的运动情况不清楚。

由此可见，对某一方向动量守恒中的临界状态的分析，不仅是对动量守恒规律的应用，也是对能量守恒定律的应用，更需要进行正确的受力分析和运动分析。

四 素养目标

与求解正确的同学交谈，了解他们分析某一方向动量守恒中的临界状态的思维过程。

师：说说你对小球能否冲出光滑圆弧轨道的临界条件是怎么理解的。

生：首先，从系统受力来看，小球和小车在水平方向上的合力为0，而在竖直方向上的合力不为0。因此，系统在水平方向上的动量守恒。小球到达最高点时与小车具有相同的对地速度，如果速度不同，必然会相对于小车做圆弧运动，此时未必是最高点。其次，可以假设小球恰好不冲出圆弧轨道，求出恰好不冲出时的高度（临界高度h）。若半径$R > h$，说明未冲出；反之，则冲出。

生： 其实小球的运动可以看作是两个运动的合运动（如图2所示），是否为最高点，取决于$v_{相}$。当$v_{相} = 0$时，小球到达最高点不会继续上升，而此时小球对地速度$v_{m对地} = v_{M对地}$，即小球与小车共速（如图3所示）。

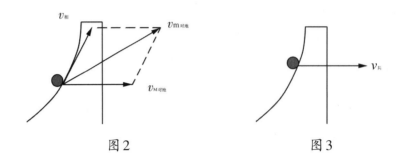

图2   图3

生： 也可以假设小球恰好冲出圆弧轨道，反过来求临界初速度$v_{临}$。若实际的初速度$v_0 > v_{临}$，说明能够冲出，反之则不能。

师： 你在求这个临界值的过程中，用到了哪些规律？

生： 通过系统在水平方向动量守恒，可以确定小球与小车共速时的速度。由于整个系统光滑，因此机械能守恒，从而可以确定临界高度。

根据出错同学的素养水平确定教学起点，以正确同学的素养构成为蓝本，明确出错同学已有的素养水平和素养目标间的差距，设定本节内容的素养目标如下：

1. 通过受力分析，建立系统的相互作用观。知道小球在冲上圆弧时会对小车产生力的作用，从而判断小球和小车的具体运动情况。

2. 建立动量守恒的物理观念。能够通过受力分析判断系统在某一方向上的动量是否守恒，知道不冲出圆弧的临界条件是共速。能够通过运动分析和作图等手段理解$v_{相} = 0$时为临界情况。

3. 建立系统的能量守恒观，理解这一过程中满足的动量关系（水平方向动量守恒）和能量关系（机械能守恒），能够应用这些规律进行列式求解，并明确知道求解哪个量可以判断是否冲出圆弧最高点。

五 纠正过程

任务1：分析相互作用过程中的受力和运动情况

问题情境：如图4所示，光滑水平面上有一个光滑半圆形凹槽，静止在竖直墙边。一小球从左边某一位置无初速度释放，试分析小球和凹槽的运动情况。

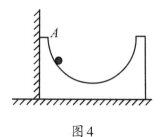

图4

问题和活动1：小球在凹槽的左半边和右半边时，对小球和凹槽进行受力分析，确定两者的运动情况。

问题和活动2：分析小球在凹槽最高点的速度特性，总结出小球能否冲出凹槽最高点的判断方法。

问题和活动3：分析小球冲出凹槽后小球和凹槽的运动情况，判断小球能否落回凹槽。

任务2：通过受力分析确定某一方向动量守恒

问题情境：同任务1。

问题和活动1：通过受力分析判断小球和凹槽组成的系统动量是否守恒。

问题和活动2：在满足水平方向动量守恒的过程中，列方程求解。

问题和活动3：建立能量的守恒观，在能量转化中找出守恒关系。

六 反思提炼

某一方向动量守恒问题中临界状态分析的一般解题思路如图5所示：

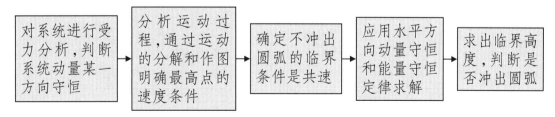

图5

七 针对练习

1. 如图 6 所示，质量为 M 的物体静止于光滑水平面上，其上有一个半径为 R 的光滑半圆形轨道，现把质量为 m 的小球自轨道左侧最高点静止释放，问：

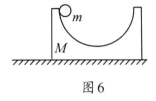

图 6

（1）摆球运动到最低点时，小球与轨道的速度是多少？

（2）小球在水平方向运动的幅度是多大？

2. 如图 7 所示，内有光滑半圆形轨道，质量为 M 的滑块静止在光滑的水平地面上，其水平直径 BD 的长度为 $2r$。一个铁桩固定在地面上，滑块的左侧紧靠在铁桩上。滑块内圆轨道的左端点 B 的正上方高度 h 处有一点 A，现将质量为 m 的小球（可以视为质点）从 A 点由静止释放，然后经过半圆轨道的 B、C、D 点后冲出（C 点为圆轨道的最低点）。已知当地重力加速度为 g，空气阻力忽略不计。

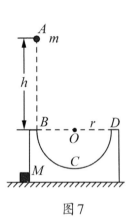

图 7

（1）求小球到达 C 点时的速度大小。

（2）求小球第一次冲出 D 点后，能够上升的最大高度。

（3）如果没有滑块左侧的铁桩，求小球第二次冲出 D 点并到达最高点时，小球与初位置 A 点的水平距离。

参考答案： 1.（1）$v_{小球} = \sqrt{\dfrac{2MgR}{M+m}}$，$v_{轨道} = \dfrac{m}{M}\sqrt{\dfrac{2MgR}{M+m}}$

（2）$A = \dfrac{m}{m+M}2R$

2.（1）$v_C = \sqrt{2g(h+r)}$　（2）$H = \dfrac{Mh-mr}{M+m}$　（3）$s = \dfrac{2Mr}{M+m}$

连续体做变速运动时的冲量和功能问题

浙江省富阳中学　孙晓飞

诊断题目

太空飞船在宇宙中飞行，与太空尘埃碰撞，受到阻力作用。设单位体积的太空中均匀分布着 n 颗尘埃，每颗尘埃的平均质量为 m，尘埃的速度可忽略。飞船的横截面积为 s，与尘埃碰撞后，将尘埃完全吸附住。当飞船维持恒定速率 v 飞行时，飞船引擎需提供的平均推力是多少？

一　参考答案

解：取 Δt 时间内，飞船前进过程吸附在飞船上的尘埃质量为 Δm，

可得 $\Delta m = nmsv\Delta t$，

对尘埃 Δm 进行分析，受到飞船冲击，其动量发生改变，

可得 $F\Delta t = \Delta m v$，

解得 $F = nmsv^2$。

根据牛顿第三定律可知，飞船受到尘埃向后的作用力 F，为了让飞船匀速前进，引擎需提供的平均推力为 $F = nmsv^2$。

二　典型错误

解：在 Δt 时间内，与飞船碰撞的尘埃为 $\Delta m = nmsv\Delta t$，

由动能定理可得 $W = F\Delta x = Fv\Delta t = \dfrac{1}{2}\Delta m v^2$，

解得 $F = \dfrac{1}{2}nmsv^2$。

> 将连续分布的尘埃作为质点模型进行处理。

三 错误探析

师：做功的定义是什么？

生：力与物体在力的方向上发生位移的乘积。

师：在 Δt 时间内，飞船的位移是多少？与飞船先后发生碰撞的尘埃是否为同一物体？

生：飞船的位移是 $\Delta x = v\Delta t$，我将前后碰撞的尘埃视作同一个物体，前后碰撞的尘埃位移均为 $\Delta x = v\Delta t$。

师：先后与飞船碰撞的尘埃显然不是同一个物体，单质点动能定理不适用于该情境。

四 素养目标

与求解正确的同学交谈，了解他们的思维过程。通过逻辑推理、归纳得出质点系的动能定理。

师：物体碰撞的类型有哪些？

生：完全弹性碰撞、完全非弹性碰撞和非完全弹性碰撞。

师：哪些类型的碰撞会有机械能的损失？

生：完全非弹性碰撞和非完全弹性碰撞。

师：飞船和尘埃发生完全非弹性碰撞，碰撞过程产生了内能。即飞船提供的能量与尘埃获得的机械能并不一致。产生内能的原因是碰撞过程中尘埃系统内力做功，因此直接运用质点模型进行处理是错误的。

生：在 0 时刻飞船在柱形尘埃体的左端与体积元 ΔU_1 接触，经历 Δt 时间后飞船前进 $v\Delta t$ 到达柱体的右端与 ΔU_N 碰撞，在 Δt 时间内，ΔU_1 发生的位移为 $v\Delta t$，ΔU_N 发生的位移为 0，我们对这些体积元发生的位移取平均值为 $\dfrac{0 + v\Delta t}{2}$，所以对整体 ΔU 分析，应用动能定理：$F\left(\dfrac{0 + v\Delta t}{2}\right) = \dfrac{1}{2}\Delta mv^2 = \dfrac{1}{2}nmsv^3\Delta t$，即可解得 $F = nmsv^2$。

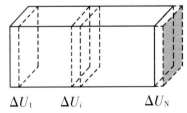

$\Delta U_1 \quad \Delta U_i \quad \quad \quad \Delta U_N$

图 1

师：在飞船与尘埃碰撞的过程中，取一小段 Δt 时间，与飞船发生完全非弹性碰撞的尘埃质量为 $\Delta m = nmsv\Delta t$。那么，飞船提供的机械能是多少？

生：在 Δt 时间内飞船提供的外力做功 $w = P\Delta t = Fv\Delta t = nmsv^3\Delta t$。

师：在 Δt 时间内，尘埃获得的机械能是多少？

生：尘埃获得的机械能为 $\frac{1}{2}\Delta mv^2 = \frac{1}{2}nmsv^3\Delta t$。

师：飞船提供的机械能与尘埃获得的机械能不一致，说明了什么？

生：完全非弹性碰撞产生了内能。

师：系统的能量形式从机械能向内能发生转化，说明肯定有力参与做功了，是什么力？

生：可能是内力。

师：此处没有其他外力做功，就只有通过内力做功将系统机械能转化为内能了。这是质点系问题中对单质点动能定理的修正。

飞船前进过程中，在 Δt 时间内飞船提供的外力对尘埃系统做功 $w = P\Delta t = Fv\Delta t = nmsv^3\Delta t$，由质点系动能定理可得 $Fv\Delta t - W_{内} = \frac{1}{2}\Delta mv^2 = \frac{1}{2}nmsv^3\Delta t$。

尘埃内力做功是个未知量，但是如果用动量定理求出的答案代入上述方程求解可得，单位时间内飞船提供的外力做功 $P = Fv = nmsv^3$，尘埃获得动能为 $\frac{1}{2}nmsv^3$，尘埃与飞船碰撞的过程中产生热量 $\frac{1}{2}nmsv^3$，类似于传送带问题。

综上所述，培养学生在复杂情境和实际问题中进行建模的能力非常重要。动量定理和动能定理是经典力学中重要的物理规律，都可以通过牛顿运动定律结合运动学知识推导得出。然而，当学生面对连续体碰撞问题时，有时选择不同的方法会得到不同的结果，这种结果的不一致让学生感到非常疑惑和困扰。其原因在于学生难以从复杂情境中提取正确的研究对象，对物理过程也没有进行清晰的剖析。物理规律往往有一定的适用条件和范围，例如高中教材中的动能定理只适用于单质点问题。因此，遇到问题时盲目套用公式和外推会导致错误的结论。

根据出错同学的素养水平确定教学起点，以正确同学的素养构成为蓝本，明确出错同学已有的素养水平和素养目标间的差距，设定本节内容的素养目标如下：

1. 能对实际流体问题建立柱体模型，并会判断内力是否做功。

2. 理解在内力做功情况中，质点动能定理不再适用，但动量定理仍然适用。

3. 在有内力做功情况中，能用动量定理解决流体加速、碰撞问题。

五 纠正过程

问题情境1：质量为m的人在水平地面上从静止开始加速跑步到速度v。

问题情境2：质量为m的汽车在水平地面上从静止开始加速到速度v。

问题情境3：质量为m的铁链下坠到地面，与地面发生完全非弹性碰撞（落地部分的铁链速度马上减为0）。

问题情境4：高压水枪单位时间内喷出质量为m、流速为v的水柱，水平冲击墙面，碰撞后水流速度降为0。

图2

任务1：受力分析，做功分析

问题和活动1：对人受力分析，地面摩擦力对人是否做功？

问题和活动2：对车受力分析，地面摩擦力对车是否做功？

问题和活动3：对铁链受力分析，地面支持力对铁链是否做功？

问题和活动4：对水柱受力分析，墙面支持力对水流是否做功？

任务2：分析功能关系，判断内力是否做功

问题和活动1：人的机械能如何变化，变化的机械能是通过什么力做功实现转化的？

问题和活动2：车的机械能如何变化，变化的机械能是通过什么力做功实现转化的？

问题和活动3：铁链的机械能如何变化，变化的机械能是通过什么力做功实现转化的？

问题和活动4：水柱的机械能如何变化，变化的机械能是通过什么力做功实现转化的？

任务3：写出质点系动能定理的表达式

问题和活动1：$W_人 = \dfrac{1}{2}mv^2$。

问题和活动2：$W_车 = \dfrac{1}{2}mv^2$。

问题和活动3：$W_{G重力} + W_内 = 0 - \dfrac{1}{2}\Delta mv^2$。

问题和活动4：$W_内 = 0 - \dfrac{1}{2}\Delta mv^2$。

任务4：分别用动量和能量相关知识求解以下问题

问题情境：某广场喷泉喷出的水柱约高5 m，若圆形喷嘴直径为6 cm，水的密度为1×10^3 kg/m³，g取10 m/s²，喷管喷出的水可视为竖直上抛运动，求喷管的功率。

问题和活动1：确定研究对象后，使用动能定理进行求解。

问题和活动2：确定研究对象后，使用动量定理进行求解。

六 反思提炼

对于流体问题，动量定理和动能定理选择的关键，在于判断内力是否做功。

连续性（流体或类似铁链、重绳等一些连续固体）的碰撞问题往往基于一定的实际情境，要引导学生合理建构模型。我们发现，只要涉及内力做功发热的问题，运用动量定理可以方便地解决问题；如果没有内力做功，那么使用动能定理会更加便捷。因此，根据研究对象的特殊性以及研究过程的复杂性，需要对模型和问题进行细致研究和思考，从而提炼出连续性流体变速问题的解题策略。

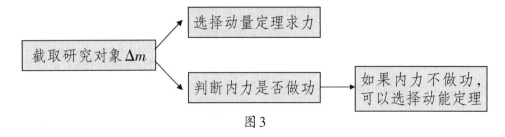

图 3

七 针对练习

1. 某直升机的螺旋桨旋转形成的圆面面积为 S，空气密度为 ρ，直升机质量为 m，重力加速度为 g。当直升机向上匀速运动时，假设空气阻力恒定为 F_f，不计空气浮力和风力影响，下列说法正确的是（　　）。

A. 直升机悬停时受到的升力大小为 $mg + F_f$

B. 直升机向上匀速运动时，单位时间内螺旋桨推动的空气流量为 $\sqrt{2(mg + F_f)\rho S}$

C. 直升机向上匀速运动时，螺旋桨推动的空气速度为 $\sqrt{\dfrac{mg + F_f}{\rho S}}$

D. 直升机向上匀速运动时，发动机的功率为 $\sqrt{\dfrac{m^3 g^3}{\rho S}}$

2. 某游乐园有一个喷泉，喷出的水柱将质量为 M 的卡通玩具稳定地悬停在空中。为了计算方便，假设水柱从横截面积为 s 的喷口持续以速度 v_0 竖直向上喷出，玩具底部为平板（面积略大于 s）；水柱冲击到玩具底板后，在竖直方向水的速度变为零，在水平方向朝四周均匀散开。忽略空气阻力，已知水的密度为 ρ，重力加速度大小为 g，求：

（1）喷泉单位时间内喷出的水的质量。

（2）玩具在空中悬停时，其底板相对喷口的高度。

参考答案：1. C　　2.（1）$\rho v_0 s$　　（2）$\dfrac{v_0^2}{2g} - \dfrac{M^2 g}{2\rho^2 v_0^2 s^2}$

卫星变轨中的相关物理量变化问题

杭州市富阳区实验中学　任国军

诊断题目

　　"天问一号"从地球发射后，其运动轨迹如图1所示，在图1甲所示的P点沿地火转移轨道运动至Q点，再依次进入图1乙所示的调相轨道和停泊轨道。已知地球轨道半径为R，火星轨道半径为$1.5R$。

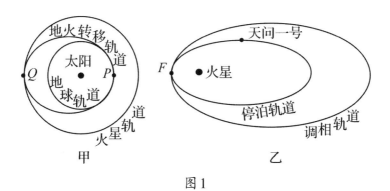

图1

　　分析"天问一号"运动过程中的下列问题：

　　（1）设地球公转速度为v_1，火星公转速度为v_2，"天问一号"在地火转移轨道P点和Q点的运动速度分别为v_P和v_Q，比较这四个速度的大小关系，并说明理由。

　　（2）"天问一号"在调相轨道上F点的机械能为E_1，在停泊轨道上F点的机械能为E_2，比较这两个机械能的大小关系，并说明理由。

⬤ 参考答案

解：（1）根据牛顿第二定律 $F_万 = F_向$，即 $G\dfrac{Mm}{r^2} = m\dfrac{v^2}{r}$，解得 $v = \sqrt{\dfrac{GM}{r}}$。

由于火星轨道的运动半径为 $1.5R$，大于地球轨道的运动半径 R，所以地球公转的速度 v_1 大于火星公转的速度 v_2，"天问一号"在地球轨道 P 点突变到地火转移轨道要做离心运动，则 $G\dfrac{Mm}{r^2} < m\dfrac{v_P^2}{r}$。

所以，在地球轨道 P 点要加速突变到地火转移轨道，$v_P > v_1$。

同理，从地火转移轨道 Q 点变轨时，要加速增大速度，即在地火转移轨道 Q 点的速度 $v_Q < v_2$，所以，$v_Q < v_2 < v_1 < v_P$。

（2）"天问一号"从调相轨道上 F 点突变到停泊轨道要做近心运动，则 $G\dfrac{Mm}{r^2} > m\dfrac{v_F^2}{r}$。

从调相轨道上 F 点要减速突变到停泊轨道 $v_{F1} > v_{F2}$，从而"天问一号"在调相轨道上 F 点的动能 $E_{k1} > E_{k2}$（停泊轨道上 F 点的动能）。又同一点位置势能相等，最终 $E_1 > E_2$。

⬤ 典型错误

（一）错误类型一

解：（1）根据牛顿第二定律 $F_万 = F_向$，即 $G\dfrac{Mm}{r^2} = m\dfrac{v^2}{r}$，

> 没有考虑变轨，用 $G\dfrac{Mm}{r^2} = m\dfrac{v^2}{r}$ 来判断速度变化。

可得 $v = \sqrt{\dfrac{GM}{r}}$，

因为 $r_Q = r_2 > r_P = r_1$，

所以 $v_Q = v_2 < v_P = v_1$。

（二）错误类型二

解：（2）因为 $a_{F1} < a_{F2}$，所以 $\dfrac{v_{F1}^2}{r} < \dfrac{v_{F2}^2}{r}$，$r$ 相同，

> 用 $a = \dfrac{v^2}{r}$ 来判断 v 的大小，没有考虑椭圆轨道和变轨。

所以 $\dfrac{1}{2}mv_{F1}^2 < \dfrac{1}{2}mv_{F2}^2$，

因为势能相等，所以 $E_1 < E_2$。

三 错误探析

(一)错误类型一访谈

师： 你为什么会认为 $v_1 = v_P$ 以及 $v_Q = v_2$？

生： 我认为地球轨道的 P 点与地火转移轨道的 P 点，以及地火转移轨道的 Q 点与火星轨道的 Q 点，都是同一点，速度应该相同。

师： 同一点速度相等的判断依据是什么？

生： 卫星做匀速圆周运动，$F_万 = F_向$，即 $G\dfrac{Mm}{r^2} = m\dfrac{v^2}{r}$，$v = \sqrt{\dfrac{GM}{r}}$。

师： 如果卫星速度大小不发生变化，那么应该继续在地球轨道上做圆周运动，还能实现在 P 点进入地火转移轨道吗？

生： 好像不能。

该学生的错误是照搬了 $G\dfrac{Mm}{r^2} = m\dfrac{v^2}{r}$ 来判断卫星速度的大小，不知道卫星变轨的原因，也就不会知道卫星在变轨点速度大小的突变。

(二)错误类型二访谈

师： 请说说第（2）问中，你判断 $a_{F1} < a_{F2}$ 的依据是什么？

生： 调相轨道比停泊轨道的半径大，由 $a = \dfrac{GM}{r^2}$ 来判断。

师： 但两个轨道上同一点 F 到火星球心距离相等，所以由 $a = \dfrac{GM}{r^2}$ 判断得到的结论应该是 $a_{F1} = a_{F2}$。

生： 是的。

师： 根据上面的结论，单纯由 $a = \dfrac{v^2}{r}$ 判断 $v_{F1} = v_{F2}$，这样可行吗？

生： 可能不行。

师： 你能说出"天问一号"是如何由调相轨道运动到停泊轨道的吗？

生： 不清楚。

该学生的错误是知道卫星速度大小的突变使卫星从圆轨道变为椭圆轨道，但不清楚由大椭圆轨道变为小椭圆轨道也是卫星速度大小突变的影响，对卫星发射和回收中变轨的本质认识不清，只是套用公式。

（四）素养目标

与求解正确的同学交谈，了解他们如何利用力与运动关系的观点分析卫星变轨，如何判断卫星变轨过程中的T、v（E_k）、a、$E_{机}$大小的变化情况。

师： 很多同学认为$v_1 = v_P$以及$v_Q = v_2$，你为什么不这样认为？

生： 在地火转移轨道运动的P点和Q点处，与在地球公转轨道及火星公转轨道经过的点处，"天问一号"所处的状态不同。

师： 你觉得有什么不同之处？

生： "天问一号"在地火转移轨道运动的P点处于点火后的加速状态，$G\dfrac{Mm}{r^2} < m\dfrac{v_P^2}{r}$，卫星不再做圆周运动，而是做离心运动，轨道半径变大。

师： 有同学在第（2）问中用$a = \dfrac{v^2}{r}$来判断v的大小，你认为可以吗？

生： 不可以，调相轨道与停泊轨道两个轨道上同一点F到火星球心距离相等，根据$a = \dfrac{GM}{r^2}$得$a_{F1} = a_{F2}$，这样判断出来是v不变。v不变，"天问一号"就不可能由调相轨道运动到停泊轨道。

师： 你说说，"天问一号"怎样才能由调相轨道运动到停泊轨道？

生： "天问一号"从调相轨道上F点突变到停泊轨道，v减小，$v_{F1} > v_{F2}$，$\dfrac{GMm}{r^2} > \dfrac{mv_F^2}{r}$，此后做近心运动，所以关键在于速度大小发生突变。

根据出错同学的素养水平确定教学起点，以正确同学的素养构成为蓝本，明确出错同学已有的素养水平和素养目标间的差距，设定本节内容的素养目标如下：

1. 通过卫星不同轨道的运动分析，建立卫星变轨的模型。

2. 理解卫星变轨是卫星速度大小的变化，引起卫星做离心或向心运动。

3. 会判断卫星变轨过程中（圆轨道和椭圆轨道），T、v（E_k）、a、$E_{机}$大小的变化情况。

五 纠正过程

任务1：建立真实的卫星变轨模型

问题情境：图2是卫星变轨时三个不同时刻的截图。

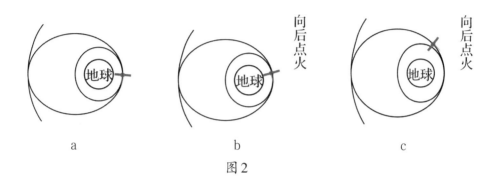

图2

问题和活动1：卫星从低轨道向高轨道变轨时，需对卫星做什么重要工作？

问题和活动2：卫星点火向后喷气，达到了什么目的？

问题和活动3：由于技术上的原因，卫星的回收实际上往往也要分为几个阶段，经过多次变轨（突变）后才能到达预定的位置。如图3，卫星由轨道3到轨道2，再由轨道2到轨道1，在真实的变轨情境中，需要对卫星做什么工作？

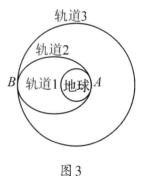

图3

任务2：用力与运动关系的观点分析卫星变轨问题

问题情境：同任务1问题情境，如图3所示。

问题和活动1：卫星在轨道1和轨道3上做什么运动？$F_{万}$与$F_{向}$是什么关系？

问题和活动2：卫星在轨道1的A点实现变轨进入椭圆轨道2，将做什么运动？$F_{A万}$与$F_{A向}$是什么关系？

问题和活动3：卫星从远地点B不会自动进入轨道3，而是沿椭圆轨道运行回到近地点A点，从B点到A点，卫星做什么运动？$F_{B万}$与$F_{B向}$是什么关系？

问题和活动4：卫星在轨道2的B点实现变轨进入轨道3，将做什么运动？$F_{B万}$与$F_{B向}$是什么关系？

任务3：判断卫星变轨过程中T、v（E_k）、a、$E_机$的变化情况

问题情境：同任务1问题情境，如图3所示。

问题和活动1：在图3中，试比较卫星从轨道1运动到轨道2再到轨道3的速度大小，归纳分析速度大小变化的方法。

问题和活动2：在图3中，卫星变轨要涉及圆轨道（轨道1和轨道3）和椭圆轨道（轨道2）这两种轨道，那么卫星在这两种轨道上运动的周期、加速度大小该怎样比较？

问题和活动3：卫星在同一轨道上（如在轨道1、轨道2、轨道3）运动，其动能、势能、机械能如何变化？

问题和活动4：如图3所示，卫星从轨道1运动到轨道2再到轨道3的过程中，机械能怎样变化？

任务4：解决飞船与空间站对接过程中的物理量变化问题

问题情境：飞船对接问题就是飞船的变轨问题，在图4中表示了两种情况的飞船对接空间站。图4甲是低轨道飞船与高轨道空间站对接，图4乙是飞船和空间站在同一轨道上变轨实现对接。

问题和活动1：分析图4两种情境下飞船的运动（离心、近心或匀速圆周运动），以及飞船v的大小变化。

问题和活动2：分析图4两种情境下飞船的加速度的变化。

问题和活动3：分析图4两种情境下飞船的机械能的变化。

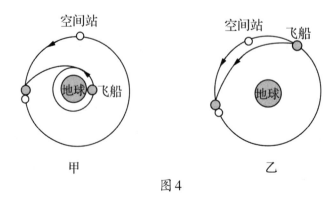

图4

六 反思提炼

本类问题的主要错误在于学生对卫星变轨的真实情境不了解，随意地套用公式进行分析和求解。面对此类问题，学生需明确卫星变轨时所做的工作，并结合万有引力和圆周运动相关知识判断物理量的变化。解题流程如图5所示：

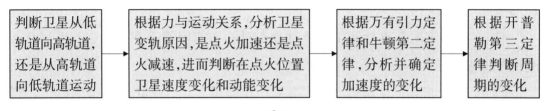

图5

七 针对练习

1. 如图6所示，卫星在 P 点由椭圆轨道 Ⅱ 变轨到近椭圆形轨道 Ⅰ（可认为半径等于火星半径 R）。已知椭圆轨道 Ⅱ 上的远火点 Q 到火星表面高度为 $6R$，火星表面重力加速度为 g_0，引力常量为 G。

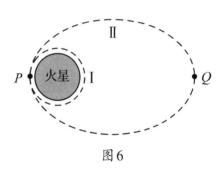

图6

（1）卫星从轨道 Ⅱ 变轨到轨道 Ⅰ 在 P 点是加速还是减速？

（2）求卫星在轨道 Ⅱ 上经过 P 点时的加速度、在轨道 Ⅰ 上经过 P 点时的加速度和在轨道 Ⅱ 上经过 Q 点时的加速度之比。

（3）求卫星在轨道 Ⅱ 上运动到 P、Q 两点的速度之比。

（4）求卫星在轨道 Ⅱ 上由 Q 点运动到 P 点所用的时间。

2. 如图7所示，"嫦娥五号"探测器由地面发射后，进入地月转移轨道，经过P点时变轨进入距离月球表面100千米的圆形轨道1，在轨道1上经过Q点时变轨进入椭圆轨道2，月球车将在靠近月球表面M点着陆。

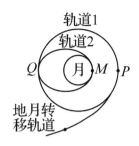

图7

（1）"嫦娥五号"在轨道1上运动周期与在轨道2上运动周期哪个大？

（2）"嫦娥五号"在轨道1上经过Q点时的加速度等于在轨道2上经过Q点时的加速度吗？

（3）"嫦娥五号"在轨道1上的速率与在轨道2上经过M点的速率相比，哪个大？

（4）"嫦娥五号"在地月转移轨道上的机械能与在轨道1上的机械能相比，哪个大？

参考答案： 1.（1）减速　　（2）49：49：1　　（3）7：1　　（4）$8\pi\sqrt{\dfrac{R}{g_0}}$

2.（1）在轨道1上运动周期大　　（2）等于　　（3）在轨道2上经过M点的速率大

（4）在地月转移轨道上的机械能大

巧用伏安曲线解决非线性元件实际工作的问题

杭州市富阳区场口中学　应凌芳

诊断题目

如图1所示为某种规格的小灯泡的伏安特性曲线，若将该小灯泡接在电动势 $E = 3.0\,V$，内阻 $r = 6.0\,\Omega$ 的电源上，求此时小灯泡的电阻值和实际功率。

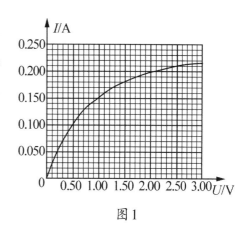

图1

参考答案

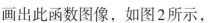

解：设灯泡两端电压为 U，电流为 I，根据闭合电路欧姆定律可得

$U = E - Ir$，

代入 $E = 3.0\,V$，$I = 6\,A$，

解得 $U = 3 - 6I$。

当 $I = 0$ 时，$U = 3\,V$；当 $I = 0.25\,A$ 时，$U = 1.5\,V$。

画出此函数图像，如图2所示，

交点代表灯泡实际工作点，可知此时电压和电流为

$U = 1.85\,V$，$I = 0.19\,A$。

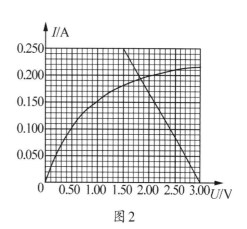

图2

可得 $R = \dfrac{U}{I} = \dfrac{1.85}{0.19} \, \Omega \approx 9.74 \, \Omega$。

可得 $P = UI = 1.85 \times 0.19 \, \text{W} \approx 0.35 \, \text{W}$。

二 典型错误

（一）错误类型一

解：根据闭合电路欧姆定律可得 $I = \dfrac{E}{R + r}$。

任意取一组电流值：

取 $I_1 = 0.05 \, \text{A}$，$R_1 = 54 \, \Omega$；

取 $I_2 = 0.1 \, \text{A}$，$R_1 = 24 \, \Omega$；

取 $I_3 = 0.15 \, \text{A}$，$R_1 = 14 \, \Omega$；

取 $I_4 = 0.2 \, \text{A}$，$R_1 = 9 \, \Omega$；

取 $I_5 = 0.25 \, \text{A}$，$R_1 = 6 \, \Omega$；

则 $\bar{R} = \dfrac{R_1 + R_2 + R_3 + R_4 + R_5}{5} = 21.4 \, \Omega$。

> 认为满足灯泡伏安曲线的几个电阻值的平均值就是灯泡的电阻值。

此时，$I = \dfrac{E}{\bar{R} + r} \approx 0.1 \, \Omega$，

$U = I\bar{R} = 2.14 \, \text{V}$，

$P = UI = 0.214 \, \text{W}$。

> 将灯泡的伏安曲线与电源内电阻的伏安曲线的交点当作工作点。

（二）错误类型二

解：取内电阻的电压 $U_1 = 1.5 \, \text{V}$，

计算电流 $I_1 = \dfrac{U_1}{r} = \dfrac{1.5}{6} \, \text{A} = 0.25 \, \text{A}$，

得到坐标点（1.5 V，0.25 A）；

取内电阻的电压 $U_2 = 0.3 \, \text{V}$，

计算电流 $I_2 = \dfrac{U_2}{r} = \dfrac{0.3}{6} \, \text{A} = 0.05 \, \text{A}$，

得到坐标点（0.3 V，0.05 A）；

画出内电阻的伏安特性曲线，如图3所示。

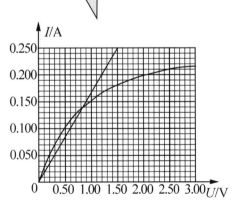

图 3

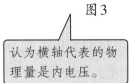

> 认为横轴代表的物理量是内电压。

两个图像的交点（0.8 V，0.135 A），即灯泡工作的电压和流过的电流。

灯泡此时工作的电阻$R = \dfrac{U}{I} = \dfrac{0.8}{0.135}\,\Omega = 5.93\,\Omega$，

$P = UI = 0.8 \times 0.135\,\mathrm{W} = 0.108\,\mathrm{W}$。

二 错误探析

（一）错误类型一访谈

师：灯泡的电阻21.4 Ω是怎么计算出来的？

生：取一些特殊点，求出电阻，计算出它们的平均值就是21.4 Ω。

师：请说明你为什么要计算灯泡电阻的平均值。

生：灯泡两端电压不同的时候，电流也不同，相应的电阻也不同。因此，小灯泡在电路中的电阻应该是在变化的，所以想到取平均值。

图1中小灯泡的伏安曲线是依据图4实验中随着灯泡两端电压的增大，灯泡的电阻值增大的结果得出的。而在处理图5所示回路中的灯泡时，该学生没有意识到灯泡与直流电源连接时，两端的电压不变，阻值是唯一的。该学生错误地认为灯泡的阻值是变化的，并用取平均值的方法来处理。

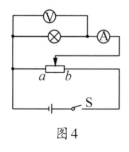

图4

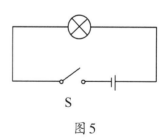

图5

（二）错误类型二访谈

师：请说明你为什么要画这条直线。

生：由题可知电阻$r = 6.0\,\Omega$。$I = \dfrac{U}{r}$，当$U = 1.5\,\mathrm{V}$时，$I = 0.25\,\mathrm{A}$；当$U = 0.3\,\mathrm{V}$时，$I = 0.05\,\mathrm{A}$。这样就可以描出一条直线。

师：那么，你知道这条直线代表的意义是什么吗？

生：直线的斜率就是内阻的大小。

师：你为什么想要画出内电阻的伏安曲线？

生：印象中书本上有一个实验是测电源的电动势和内阻。两个图像的交点就是电阻的工作状态。

该学生意识到利用 $U-I$ 图像的交点就是电阻的实际电压和电流，但误认为图像中的电压是内电阻的电压，认为接在电源两端的电压表测的是内电阻的电压，对电路中各部分电压和电流及其关系认识不足。

（四）素养目标

与求解正确的同学交谈，了解他们分析 $U-I$ 图像的交点问题的思维过程。

师： 拿到这道题，你为什么想到要画电源的 $U-I$ 图像？

生： 为了找到电源的 $U-I$ 图像和电阻的伏安特性曲线的交点。

师： 为什么想找到交点？

生： 电源的 $U-I$ 图像是确定的，这个交点同时符合两个图像的要求。

师： 请详细地说明 $U-I$ 图像交点的意义。

生： 交点表示的电流和电压既满足电阻工作的电压和电流，也满足电源工作的电压和电流。

正确求解的同学能清晰地认识到这里所指的电压是路端电压，电源的 $U-I$ 图像（伏安曲线）指的是电源的路端电压与电流的关系。在解决问题的时候，教师可以引导学生画电路图，并要求把电压表和电流表放到电路中。在电阻的电压与电流函数关系不明确的情况下，可以利用图像方法分析，画出电源的 $U-I$ 图像，找到既满足电源工作要求，又满足非线性电阻工作要求的电压和电流值。

根据出错同学的素养水平确定教学起点，以正确同学的素养构成为蓝本，明确出错同学已有的素养水平和素养目标间的差距，设定本节内容的素养目标如下：

1. 理解伏安特性曲线中电压的意义，能画出电源的 $U-I$ 图像。

2. 能依据非线性元件的伏安特性曲线和电源的 $U-I$ 图像找出同时满足电源和电阻工作要求的点。

五 纠正过程

任务1： 会用 $U - I$ 图像解决单一电学元件的实际工作问题

问题情境：如图6所示为线性元件 R_1 和非线性元件 R_2 的伏安特性曲线。

问题和活动1：说说 R_1、R_2 两个电阻的阻值变化情况。

问题和活动2：将电阻 R_1 与电动势 $E = 3.0\,\text{V}$，内阻 $r = 1.0\,\Omega$ 的电源相连，组成闭合电路。画出电路图，并计算该电阻的电压和电功率。

问题和活动3：将电阻 R_2 与电动势 $E = 3.0\,\text{V}$，内阻 $r = 1.0\,\Omega$ 的电源相连，组成闭合电路。画出电路图，并计算该电阻的电功率。

问题和活动4：联系问题和活动2、活动3，思考电源的 $U - I$ 图像与电阻的伏安特性曲线的交点有什么特点。交点的意义是什么？

任务2： 会用 $U - I$ 图像解决电学元件在串并联电路中的实际工作问题

问题情境1：如图8所示是线性元件 R_1 的伏安特性曲线。如图7所示，将两个相同的电阻 R_1 和电源相连，组成闭合电路。电源电动势 $E = 3.0\,\text{V}$，内阻 $r = 1.0\,\Omega$。

问题和活动1：应用闭合电路欧姆定律计算流过 R_1 的电流。

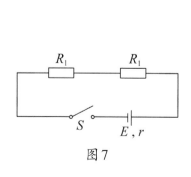

图7

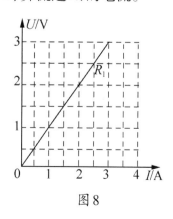

图8

问题和活动2：在图8中画出电源的$U-I$图像，并思考电阻和电源的$U-I$图像的交点还是不是实际电阻R_1两端的电压和流过的电流。

问题和活动3：明确电阻R_1两端的电压及流过的电流。

问题情境2：如图9所示是两个不同的非线性电阻R_2和R_3串联后再与电动势为3.0 V、内阻为1.0 Ω的直流电源串联组成闭合电路。如图10所示是非线性电阻R_2和R_3的伏安特性曲线。

问题和活动：在图10中画出电源的$U-I$图像，并找出非线性电阻R_2和电阻R_3两端的电压及流过的电流。

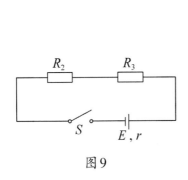

图9

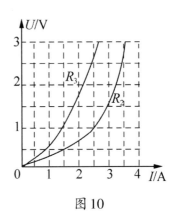

图10

六 反思提炼

解决本类问题的主要困难在于找出电学元件的工作电压和电流。非线性元件的电阻随着电压的变化而变化，闭合电路中欧姆定律不适用，因此需要借助图像找出电学元件的实际工作状态。本类问题的解题流程如图11所示：

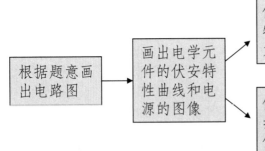

图11

七 针对练习

1. 如图 12 所示是非线性元件 R_2 的伏安特性曲线。如图 13 所示，将两个相同的电阻 R_2 和电源相连，组成闭合电路。电源电动势 $E = 3.0$ V，内阻 $r = 1.0$ Ω。

（1）在图 12 中画出电源的 $U - I$ 图像。

（2）求电阻 R_2 两端的电压及流过的电流大小。

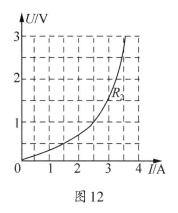

图 12

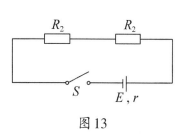

图 13

2. 某同学根据实验数据描绘的小灯泡伏安特性曲线如图 14 所示，将两个规格相同的灯泡并联后接到电动势为 2 V、内阻为 3.33 Ω 的电源 E_0 上，如图 15 所示。

（1）画出电源 E_0 的 $U - I$ 图像。

（2）找出小灯泡两端的电压及流过的电流。

（3）求其中一个小灯泡的实际功率。

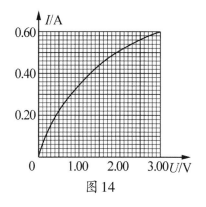

图 14

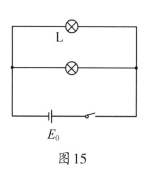

图 15

参考答案：

1.（1）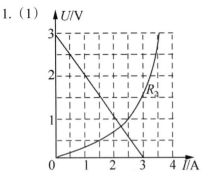

（2）$U = 0.6\,\text{V}$，$I = 1.8\,\text{A}$

2.（1）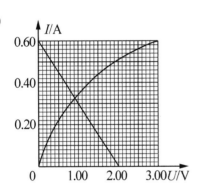

（2）$U = 0.5\,\text{V}$，$I = 0.22\,\text{A}$　（3）$P = UI = 0.11\,\text{W}$

带电粒子在复合场中的直线运动问题

杭州市富阳区第二中学　章丽莎

诊断题目

如图1所示，在一绝缘、粗糙且足够长的水平管道中有一带正电荷的小球，管道半径略大于球体半径，整个管道处于方向与管道垂直的水平匀强磁场中。现使小球获得一个水平向右的初速度v_0，请你画出相应的受力分析图，并通过分析计算画出小球的速度随时间变化的图像。

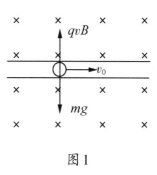

图1

● 参考答案

解：当$qv_0B = mg$时，对小球进行受力分析，如图2所示，即小球做匀速直线运动。作出$v-t$图像，如图3所示。

当$qv_0B < mg$时，对小球进行受力分析，如图4所示，$qv_0B + F_N = mg$，即$F_N = mg - qv_0B$。

滑动摩擦力$F_f = \mu F_N$，根据牛顿第二定律$F_f = ma$，得$a = \dfrac{\mu(mg - qv_0B)}{m}$，即小球做加速度逐渐增大的减速运动，直至减速至0。作出$v-t$图像，如图5所示。

当$qv_0B > mg$时，对小球进行受力分

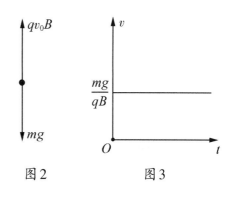

图2　　　　图3

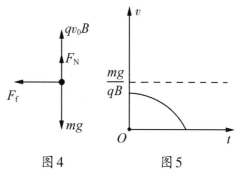

图4　　　　图5

析，如图6所示，$qv_0B = mg + F_N$，即 $F_N = qv_0B - mg$。

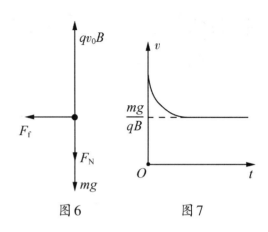

图6　　　　　图7

滑动摩擦力 $F_f = \mu F_N$，根据牛顿第二定律 $F_f = ma$，得 $a = \dfrac{\mu(qv_0B - mg)}{m}$，即小球做加速度逐渐减小的减速运动，当洛伦兹力减小到 $qv_0B = mg$ 时，小球做匀速直线运动。作出 $v-t$ 图像，如图7所示。

二 典型错误

（一）错误类型一

生1： 当 $qv_0B = mg$ 时，小球做匀速直线运动。

生2： 当 $qv_0B < mg$ 时，小球做加速度逐渐增大的减速运动，直至小球减速到0。

生3： 当 $qv_0B > mg$ 时，小球做加速度逐渐减小的减速运动，当 $qv_0B = mg$ 时，小球做匀速直线运动。

> 洛伦兹力大小判断不全面，分别仅考虑一种情况，解题过程中缺乏分类讨论的思想。

（二）错误类型二

生4： 当 $qv_0B < mg$ 时，滑动摩擦力 $F_f = \mu mg$，根据牛顿第二定律 $F_f = ma$，得 $a = \dfrac{F_f}{m} = \mu g$，即小球做匀减速直线运动，$v-t$ 图像如图8所示。

当 $qv_0B > mg$ 时，滑动摩擦力 $F_f = \mu mg$，根据牛顿第二定律 $F_f = ma$，得 $a = \dfrac{F_f}{m} = \mu g$，即小球做匀减速直线运动，当速度减小到对应的洛伦兹力 $qvB = mg$ 时，小球做匀速直线运动，$v-t$ 图像如图9所示。

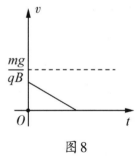

图8

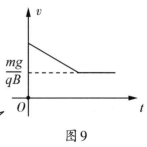

> 认为洛伦兹力不变

图9

（三）错误类型三

生5：当 $qv_0B < mg$ 时，小球做加速度逐渐增大的减速运动，直至小球减速
到0，$v-t$ 图像如图10所示。当 $qv_0B > mg$ 时，小球做加速度逐渐减小
的减速运动，直至小球减速到0，$v-t$ 图像如图11所示。

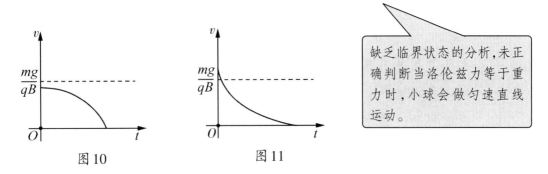

缺乏临界状态的分析，未正确判断当洛伦兹力等于重力时，小球会做匀速直线运动。

图10　　　　图11

三 错误探析

（一）错误类型一访谈

师：你认为小球做什么运动？

生1：匀速直线运动。

师：你的依据是什么？

生1：我是根据题目观察得到的，小球向右运动，磁场垂直纸面向里，用
左手定则判断出洛伦兹力方向向上，重力方向向下，水平方向没有受
力，所以小球就向右做匀速直线运动。

师：我们是如何判断物体是否在做匀速直线运动的？

生1：合力为0时，物体处于平衡状态时做匀速直线运动。

师：很好。本题题干中给出"粗糙"管道，你是如何判断水平方向上没有
摩擦力的？

生1：我发现洛伦兹力和重力都是在竖直方向上的，如果两个力大小相等，
合力不就为零了吗？

师：水平受力和竖直受力，这两个方向的力有没有联系？

生1：当然有联系，竖直方向合力为零，所以没有支持力，再根据滑动摩
擦力的表达式 $F_f = \mu F_N$，所以判断出没有摩擦力。

师：是的，那你考虑一下，洛伦兹力的大小一定和重力一样大吗？

生1：老师，我对物体的受力分析并不全面。由磁场的方向和小球的速度方向可以确定洛伦兹力的方向，但是洛伦兹力的大小是和速度有关的。要判断洛伦兹力和重力大小的关系，还要看初速度的情况。我的受力分析并没有考虑不同的情况。

生2：老师，我知道了，题目没有明确给出速度的大小，所以 qv_0B 和 mg 的大小关系并不确定。我分析的是初速度较大的情况，此时 $qv_0B > mg$，所以我判断小球受到向下的支持力，存在摩擦力，物体做减速运动。

师：是这样的，通过受力分析，比较力的大小，判断是否存在支持力，最后我们可以判断是否存在摩擦力。

生3：老师，我正好和他相反，我是这样想的，小球摆放在管道中，那支持力的方向肯定总是竖直向上的，因此得出 $qv_0B < mg$。

师：你是怎么判断支持力的方向的？

生3：以前做过的很多题目都是这样，重力竖直向下，支持力垂直于接触面向上。

师：具体问题要具体分析呀，我们还是要对研究对象先进行什么？

生3：受力分析！

学生1考虑到两个已知的力都在竖直方向上，就想当然地认为水平方向上没有力的作用，物体就应该做匀速直线运动。也有同学根据已有的经验，认为支持力总是垂直于接触面竖直向上。学生3就是这样，没有对题目进行分析，直接按经验做题，并根据经验来判断洛伦兹力的大小，没有考虑洛伦兹力和速度的关系。通过和教师的访谈，学生也发现自己在解题过程中没有很好地对研究对象进行受力分析、过程分析和运动分析，特别是对洛伦兹力和重力大小关系的可能性没有进行完整分析。

（二）错误类型二访谈

师：你在对小球的运动进行分析的过程中，如何判断小球是否在做减速运动？

生4：老师，我对小球进行了受力分析，发现无论洛伦兹力大于重力还是小于重力，都会存在支持力。有支持力说明小球在运动时与管道壁之间存在挤压，那么小球运动时必然会受到摩擦力的作用，所以小球就做减速运动了。

师： 从你绘制的图像上看，小球在两种情况下都是做匀减速运动，你的判断依据是什么？能不能列出相应的表达式？

生4： 因为有摩擦力呀，$F_f = \mu F_N = \mu mg = ma$，小球摩擦力大小恒定，加速度恒定，方向向左，与运动方向相反，所以做匀减速运动。

师： 你是怎么判断表达式中的支持力等于重力的？支持力不是有两种情况，方向不同，大小恒定吗？

生4： 通过受力分析，我发现小球在竖直方向上有重力和支持力。我在分析摩擦力的时候忘记考虑洛伦兹力了，所以竖直方向上的支持力并不等于重力。

师： 那么，你现在可以尝试再次判断小球在做什么样的减速运动吗？

生4： 当 $qv_0B < mg$ 时，竖直方向上支持力 $F_N + qvB = mg$。由于小球在减速，洛伦兹力减小，支持力增大，摩擦力也增大，加速度就增大，小球会做加速度增大的减速运动。

师： 现在你再想一想，图像应该怎么画？你再考虑一下，当 $qv_0B > mg$ 时，加速度是不是也会变化？

生4： 当然会变化。当 $qv_0B > mg$ 时，对小球进行受力分析，竖直方向上的支持力等于洛伦兹力减去重力。由于小球在减速，洛伦兹力在减小，所以支持力也在减小，摩擦力也会减小，那么加速度也会减小，小球应该做加速度减小的减速运动。所以我的前半段图像就已经画错了，小球并不是做匀减速运动。

学生4出现这样的错误，主要是因为在解题时虽然进行了受力分析，但是依然喜欢借助经验判断滑动摩擦力的大小就是 μmg，从而得到加速度不变这个错误的结论。

（三）错误类型三访谈

师： 你在画出当 $qv_0B > mg$ 这种情况的 $v - t$ 图像过程中，是怎么考虑图像中小球的最终速度问题的？

生5： 我通过前面的分类讨论，发现无论洛伦兹力 $qv_0B < mg$，还是 $qv_0B >$

mg，小球都会受到摩擦力，小球做减速运动。当小球的速度减小，洛伦兹力就会减小。考虑到 $qv_0B > mg$，即 $qv_0B - mg = F_N$，支持力变小了，摩擦力就变小了，所以小球在做加速度逐渐减小的减速运动。

师：你考虑一下，小球是否会一直减速到速度为0？速度为0时，洛伦兹力为多少？

生5：速度为0的时候，洛伦兹力当然就是0了。老师，我知道了，当小球减速运动时，洛伦兹力会减小。当某个时刻小球受到的洛伦兹力减小到与重力大小相等时，由于两者方向相反，此后小球所受到的支持力等于0，摩擦力也就消失了，小球将继续做匀速直线运动。

师：现在你再结合分析过程想一想，小球的运动应该是怎么样的。你可以尝试重新画一下小球在 $qv_0B > mg$ 这种情况下减速过程中的 $v - t$ 图像吗？

生5：当然可以。洛伦兹力会随着速度变化而变化，小球先做加速度逐渐减小的减速运动。当小球的加速度减小到0时，洛伦兹力等于重力，小球接着做匀速直线运动。

师：很好，这样就得到了在 $qv_0B > mg$ 这种情况下小球运动的正确的收尾速度。

在 $qv_0B > mg$ 这种情况下，错误思路有两种类型。第一种是学生5这样，没有明确减速存在两个阶段，不知道在洛伦兹力和重力相等后，小球会做匀速直线运动，而直接认为小球会一直减速直到速度为0。第二种是学生4这样，考虑了两个运动阶段，但没有明确减速过程中的加速度变化规律，理所当然地认为小球在做匀减速运动。这两种情况说明学生在解题时的受力分析和运动分析都比较欠缺，总是凭借经验来解题，无法达成较高的物理学科核心素养目标。

（四）素养目标

通过与本题求解正确的同学的交谈，了解他们是通过什么方法画出不同情况下的小球运动的 $v-t$ 图像的，以及他们在作图的过程中如何判断加速度的变化情况及小球最终的运动情况。

师：在解题过程中，很多同学根据左手定则判断洛伦兹力的方向是竖直向上的，下一步往往直接作 $v-t$ 图像，这就会出现各种各样的问题。例如，有的同学没有进行分类讨论，有的同学在分析过程中没有考虑加速度的变化，还有的同学在判断速度时出现了错误，直接得出减速到 0 的结论。你是如何应对这些可能出现的问题的？

生 6：看到这一题，我一开始也觉得很简单。洛伦兹力向上，重力向下，支持力也是向上，那么小球在运动过程中肯定有摩擦力。但是，通过受力分析之后，我发现题目并没有给出初速度的具体大小，所以我认为这一题需要进行分类讨论。

师：在考虑的过程中，你觉得哪个步骤尤为重要？

生 6：肯定是受力分析。我对物体进行了受力分析，发现洛伦兹力的大小不同会导致支持力的方向不一样。

师：有同学在考虑支持力的方向问题时，认为有支持力就会有摩擦力，小球肯定在做减速运动了，所以没必要细分支持力是向上还是向下。这样想对吗？为什么？

生 6：当然不对。减速时，洛伦兹力会随之变化。在竖直方向上，小球受到重力、洛伦兹力和支持力三个力的作用。由于支持力的方向不同，变化趋势就不同，因此加速度的变化也会不同，最终导致小球的运动轨迹不同。

师：你是如何判断小球加速度的变化趋势和最终运动类型的？

生 6：分两种情况。第一种情况，洛伦兹力向上，支持力向上，重力向下，小球减速。重力不变，洛伦兹力减小，支持力增加，摩擦力增大，加速度增大，小球做加速度增大的减速运动，最终减速至 0。第二种情况，洛伦兹力向上，支持力向下，重力向下，小球减速。重力不变，洛伦兹力减小，支持力减小，摩擦力减小，加速度减小，小球做加速度减小的减速运动。当然，在洛伦兹力减小的过程中，会出现洛伦兹力等于重力的情况，此时加速度为 0，小球开始做匀速直线运动。

师：非常好，你的解题思路很明确，你主要依靠什么画出 $v-t$ 图像的呢？

生 6：就是"一定三分析"。我在解题时先确定研究对象，再通过受力分析、过程分析、运动分析全面把握整个小球的运动过程，自然可以画

出对应的 $v-t$ 图像。

总结优秀解答同学的分析和解题过程可以看出，需要通过"一定三分析"对研究对象的运动进行认真全面的分析，判断小球几种不同可能的受力情况，从问题的根本出发判断小球的运动情况，最终按题意求解。根据出错同学的素养水平确定教学起点，以正确同学的素养构成为蓝本，明确出错同学已有的素养水平和素养目标间的差距，设定本节内容的素养目标如下：

1. 能用左手定则判断小球受到的洛伦兹力的方向。

2. 能通过对小球进行受力分析，知道洛伦兹力的大小与支持力的方向无关。

3. 能根据滑动摩擦力的计算公式及牛顿第二定律，分析小球在不同支持力情况下运动过程中加速度的变化规律，并根据小球的速度变化情况，分析小球的运动状态，画出 $v-t$ 图像。

4. 根据小球水平和竖直两个方向的受力情况，判断小球受力动态变化过程中的不变因素。

五 纠正过程

任务1：对小球进行受力分析和运动分析

问题情境：在一根足够长的竖直绝缘杆上套着一个质量为 m、带电荷量为 $-q$ 的小球。球与杆之间的动摩擦因数为 μ。场强为 E 的匀强电场和磁感应强度为 B 的匀强磁场方向如图12所示。小球由静止开始下落，重力加速度为 g，求小球运动过程中的最大加速度和最大速度。

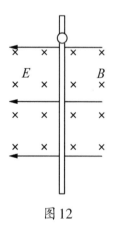

图12

问题和活动	过程分析	受力分析	运动分析
问题和活动1	对小球刚进入复合场时进行受力分析。	F_f ↑ F_N ← ○ → qE mg ↓	小球由静止下落进入磁场，此时 $qvB = 0$，$F_N = qE$，$F_f = \mu F_N$，$mg - F_f = ma$。小球做向下的加速运动。
问题和活动2	定性分析小球的速度变化情况和加速度变化情况。	F_f ↑ F_N ← qvB ○ → qE mg ↓	根据左手定则，判断洛伦兹力的方向为水平向左。$v \uparrow \rightarrow qvB \uparrow \rightarrow F_N \downarrow \rightarrow F_f \downarrow \rightarrow a \uparrow$ 小球做加速度增大的加速运动。
问题和活动3	当洛伦兹力增大到和电场力一样大时，分析小球的受力情况。	← ○ → qvB qE mg ↓	当 $qvB = qE$，$F_f = 0$，$mg = ma$，$a = g$。此时小球的加速度达到最大，小球继续加速。
问题和活动4	随着速度增大，洛伦兹力增大，支持力的方向会发生变化吗?	F_f ↑ ← ○ → qE qvB F_N ↓ mg ↓	当 qvB 继续增大，支持力反向，向右。$qv_0B = qE + F_N$。$v \uparrow \rightarrow qvB \uparrow \rightarrow F_N \uparrow \rightarrow F_f \uparrow \rightarrow a \downarrow$ 小球做加速度减小的加速运动。

续表

问题和活动	过程分析	受力分析	运动分析
问题和活动5	小球最终做什么运动？	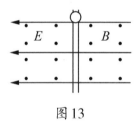	当$F_f = mg$时，$a = 0$。此时速度最大，可解出最大速度。

任务2：若磁场反向，如图13所示，对小球进行受力分析和运动分析

$$E \qquad B$$

图13

问题情境：若磁场反向，其他条件不变，最大加速度和最大速度是多少？

问题和活动	过程分析	受力分析	运动分析
问题和活动1	对小球刚进入复合场时进行受力分析。	F_f F_N qE mg	小球由静止下落进入磁场，此时$qvB = 0$。$F_N = qE$，$F_f = \mu F_N$，$mg - F_f = ma$，小球做向下的加速运动。

续表

问题和活动	过程分析	受力分析	运动分析
问题和活动2	定性分析小球的速度变化情况和加速度变化情况。	F_f F_N qvB qE mg	根据左手定则，判断洛伦兹力的方向为水平向右。$v\uparrow \rightarrow qvB\uparrow \rightarrow F_N\uparrow \rightarrow F_f\uparrow \rightarrow a\downarrow$ 小球做加速度减小的加速运动。可以判断刚进入磁场时，小球的加速度最大。
问题和活动3	当摩擦力增大到和重力一样大时，运动分析。	F_f F_N qvB qE mg	当$F_f = mg$时，$a = 0$，此时速度最大，可解出最大速度。

任务3： 对相同类型的题目进行归纳总结

问题情境：将"诊断题目"的图像顺时针旋转90°作为"弥补题目"，把"诊断题目"和"弥补题目"的两个图像放到一起（如图14、图15所示），同学们能否找到两者的相关性？

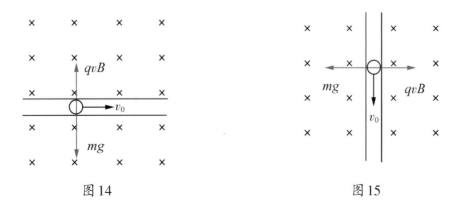

图14 图15

诊断题目	弥补题目
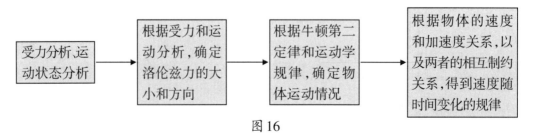	
$qv_0B < mg$：支持力向"右"。 $qv_0B = mg$：支持力没有。 $qv_0B > mg$：支持力向"左"。	带负电小球由静止下落速度逐渐增大，qvB向左且逐渐增大，qE向右且恒定。 $qvB < qE$：支持力向"左"。 $qvB = qE$：支持力没有。 $qvB > qE$：支持力向"右"。

对以上两个图像进行分析对比，可以看出两题的分析过程及解题思路具有相关性和相似性。解题的关键在于对物体进行受力分析，并分析物体的运动过程。

六 反思提炼

本类型题目的解题关键在于确定洛伦兹力方向，以及在洛伦兹力大小不同的情况下对物体运动状况的分类讨论。

学生往往会跳过受力分析这个关键步骤，直接根据经验来分析在洛伦兹力大小变化的情况下，摩擦力的大小变化问题，从而分析物体的运动情况。本类题目的解题思路如图16所示：

受力分析、运动状态分析 → 根据受力和运动分析，确定洛伦兹力的大小和方向 → 根据牛顿第二定律和运动学规律，确定物体运动情况 → 根据物体的速度和加速度关系，以及两者的相互制约关系，得到速度随时间变化的规律

图16

七 针对练习

如图 17 所示，一根足够长的光滑绝缘杆 MN 与水平面的夹角为 37°，固定在竖直平面内。垂直于纸面向里、磁感应强度为 B 的匀强磁场充满杆所在的空间，杆与 B 垂直。质量为 m 的带电小环沿杆下滑到 P 处时，对杆有垂直于杆向下的压力作用，压力大小为 $0.4\,mg$（g 为重力加速度）。已知小环带的电荷量为 q，$\sin 37° = 0.6$，$\cos 37° = 0.8$，问：

（1）小环带什么电？

（2）小环滑到 P 处时的速度为多少？

（3）小环滑到距离 P 多远时，恰与杆之间没有压力？

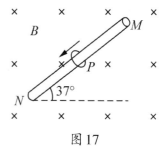

图 17

参考答案：（1）负电　（2）$\dfrac{2\,mg}{5\,qB}$　（3）$\dfrac{2m^2 g}{5q^2 B^2}$

霍尔效应中电压与电流、磁感应强度的定量关系问题

杭州市富阳区新登中学　戴兴华

诊断题目

如图1所示，利用电磁铁产生磁场，电流表检测输入霍尔元件的电流，电压表检测霍尔元件输出的霍尔电压。已知图中的1、2、3、4是霍尔元件（载流子为电子e）上的四个接线端，1、3两表面间距为a，2、4两表面间距为c，上、下表面间的距离为b，开关S_1、S_2闭合后，右侧电流表示数为I，电压表示数为U，单位体积内载流子的个数为n，通过霍尔元件处的磁感应强度为B。

（1）比较2、4接线端电势的高低。

（2）分析霍尔电压与电流大小、磁感应强度的定量关系。

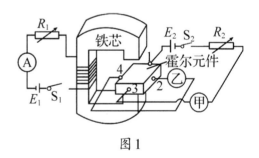

图1

参考答案

解：（1）霍尔元件内部的载流子是电子，带负电，电流方向是1端→3端，因此电子运动方向是3端→1端。

磁场方向竖直向下，根据左手定则判断，电子受到的洛伦兹力指向2端，导致2端聚集负电荷，4端聚集正电荷。

因此，在霍尔元件内部产生从4端指向2端的匀强电场，即4端电势较高。

（2）由（1）可知，电子同时受到向右的洛伦兹力和向左的电场力，当洛伦兹力等于电场力时，电子达到动态平衡状态，此时电压表的示数稳定。

由 $evB = eE = e\dfrac{U}{c}$，得 $U = vBc$。

根据电流的微观表达式 $I = neSv$，得 $v = \dfrac{I}{neS} = \dfrac{I}{nebc}$。

代入得 $U = \dfrac{IB}{neb}$，neb 只与霍尔元件有关。

二 典型错误

解：电流方向是1端→3端，正电荷运动方向是1端→3端。

根据左手定则，电荷受到向右的洛伦兹力，2端聚集正电荷，所以2端电势高。

因为电荷受到的洛伦兹力与电场力大小相等，即 $evB = eE = e\dfrac{U}{c}$，$U = vBc$。

根据电流的微观表达式 $I = neSv$，导体横截面积 $S = ab$。

所以 $v = \dfrac{I}{neab}$，得 $U = \dfrac{IBc}{neab}$。

> 1. 认为霍尔元件内部的载流子带正电。
> 2. 以为导体横截面积 $S = ab$。

三 错误探析

师：你认为2端电势比4端高的原因是什么？

生：根据图中电源的正负极，可以确定电流方向是从1端流向3端，正电荷的运动方向也是从1端流向3端。根据左手定则，正电荷受到的洛伦兹力方向指向2端，因此正电荷向2端聚集，使得2端电势较高。

师：你是怎么推导电流的微观表达式的？

生：正电荷从4端向2端集聚，2、4之间接有电压表，导体横截面积 $S = ab$，所以 $I = neSv = neabv$。

师：你是怎么得到电压与电流、磁感应强度的关系式的？

生：电压表示数稳定时，电荷受到的洛伦兹力等于电场力，达到动态平衡状态，由 $evB = eE = e\dfrac{U}{c}$，得 $U = vBc$，根据电流的微观表达式 $I = neabv$，

得 $U = \dfrac{IBc}{neab}$。

该学生对霍尔元件的结构、原理不熟悉，误将载流子视为正电荷，导致洛伦兹力方向分析错误。同时，对电流的微观模型及其特征，特别是长方体霍尔元件的横截面积理解不透彻。

（四）素养目标

与求解正确的同学交谈，了解他们的思维过程。以下是与正确判断电势高低的同学的访谈。

师：为什么2端电势比4端高是错误的？

生：载流子是电子，带负电，电流方向是1端→3端，故电子运动方向是3端→1端，由左手定则可判断电子受到的洛伦兹力指向2端，电子向2端聚集带负电，4端带正电，所以4端电势高。

师：可不可以认为这个是普遍成立的结论？

生：不可以，要看载流子具体是什么。若是带负电的电子，可以按照上面的分析；若是带正电的空穴，则相反。

师：你是怎么得到霍尔电压的表达式的？

生：电荷受到向右的洛伦兹力，同时受到向左的电场力。当洛伦兹力等于电场力时，达到动态平衡状态，此时电压表示数稳定。由 $evB = eE = e\dfrac{U}{c}$，得 $U = vBc$。电流从霍尔元件的1端流向3端，故导体横截面积 $S = bc$，$I = nebcv$，得 $v = \dfrac{I}{nes} = \dfrac{I}{nebc}$，代入得 $U = \dfrac{IB}{neb}$。

这些同学能够建立正确的电流微观模型和霍尔元件内部电子受力模型，能够理清不同情境下电流、磁场、电场和横截面积等物理量之间的关系，并推导出霍尔电压表达式。

根据出错同学的素养水平确定教学起点，以正确同学的素养构成为蓝本，明确出错同学已有的素养水平和素养目标间的差距，设定以下教学目标：

1. 能根据题意区分霍尔元件载流子的种类及电性。

2. 能够在不同的霍尔元件形状、不一样的三维坐标视角等复杂情境中建立电流的微观模型和电荷受力模型，得到霍尔电压表达式。

五 纠正过程

任务1：判断元件两端电势的高低

问题情境：如图2所示，带有大量正负电荷的等离子体以较大的速度进入A、B板间。

问题和活动1：请分析判断A、B板带电的电性。

问题和活动2：判断A、B电势的高低。

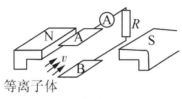

图2

任务2：探究霍尔电压影响因素

问题情境：先按照电路图连接实物图，再用朗威电流传感器测量流过霍尔元件的电流，用电压传感器测量霍尔元件两端的电压，用磁传感器测量经过霍尔元件的磁场（如图3所示）。

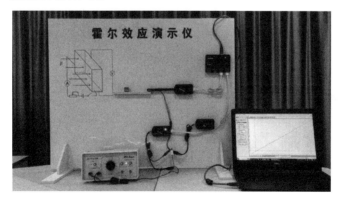

图3

问题和活动1：做实验，得到霍尔电压与电流的关系图像，如图4所示。保持磁感应强度不变，改变输入电流，得到霍尔电压与电流成正比。

问题和活动2：做实验，得到霍尔电压与磁场的关系图像，如图5所示。

保持电流大小不变，改变磁感应强度，得到霍尔电压与磁感应强度成正比。

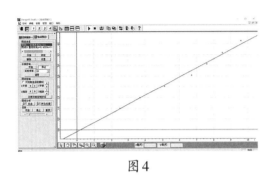
图4

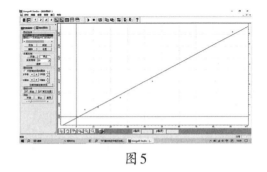
图5

任务3：推导霍尔电压与电流、磁场的定量关系

问题情境：在 x 方向通入恒定电流 I，同时外加与 z 正方向平行的磁场 B（如图6所示），电压表读数为 U_H。已知半导体中的载流子为电子，单位体积载流子的个数为 n。

问题和活动1：分析确定 U_H 与 I、B 的定量关系。

问题和活动2：若磁场方向改成沿 y 正方向（如图7所示），电压表接前后表面，分析和确定 U_H 与 I、B 的定量关系。

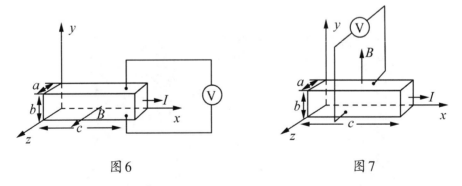

图6   图7

六 反思提炼

判断元件两端电势高低的流程如图8所示：

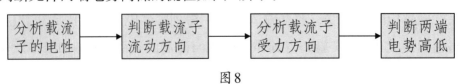

图8

推导霍尔电压与电流、磁场的定量关系的流程如图9所示：

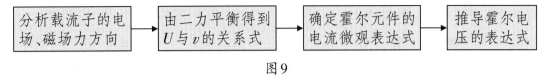

图9

七 针对练习

1. 如图 10 所示，金属板放在垂直于它的匀强磁场中，当金属板中有电流通过时，在金属板的上表面 A 和下表面 A′ 之间会出现电势差，这种现象称为霍尔效应。若匀强磁场的磁感应强度为 B，金属板宽度为 h、厚度为 d，通有电流 I，稳定状态时，上、下表面之间的电势差大小为 U。

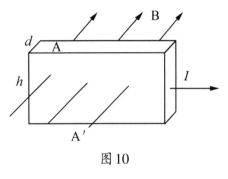

图10

（1）霍尔元件中电子受到的洛伦兹力方向是怎么样的？

（2）达到稳定状态时，分析判断金属板上表面 A 的电势与下表面 A′ 的电势的高低。

（3）将金属板的厚度 d 减小为原来的一半，则上、下表面之间的电势差大小变为多少？

（4）将电流 I 减小为原来的一半，则上、下表面之间的电势差大小变为多少？

2. 利用霍尔效应制作的霍尔元件以及传感器，广泛应用于测量和自动控制等领域。图11中一块长为a、宽为b、厚为c的半导体样品薄片放在沿y轴正方向的匀强磁场中，磁感应强度大小为B。当有大小为I、沿x轴正方向的恒定电流通过样品板时，会在与z轴垂直的两个侧面之间产生电势差，这一现象称为霍尔效应。其原因是薄片中的导电粒子受洛伦兹力的作用向一侧偏转和积累，于是上、下表面间建立起电场E_H，同时产生霍尔电压U_H。当导电粒子所受的电场力与洛伦兹力处处相等时，E_H和U_H达到稳定值，U_H的大小与I和B满足关系式$U_H = k_H IB$，其中k_H称为霍尔元件灵敏度，k_H越大，灵敏度越高。半导体内导电粒子——"载流子"有两种：自由电子和空穴（空穴可视为能自由移动带正电的粒子）。若每个载流子所带电量的绝对值为e，薄片内单位体积中导电的电子数为n。

（1）若载流子是电子，分析判断半导体样品的上、下表面电势的高低。

（2）求磁感应强度大小。

（3）霍尔元件灵敏度高低由什么量决定？

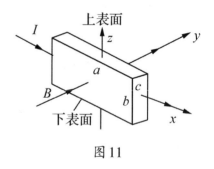

图11

参考答案： 1.（1）向上　　（2）A′的电势高于A的电势　　（3）$2U$　　（4）$\dfrac{U}{2}$

2.（1）上表面电势低，下表面电势高　　（2）$\dfrac{necU_H}{I}$

（3）$k_H = \dfrac{1}{nec}$，半导体薄片厚度c越大，灵敏度越低，单位体积内电子数n越大，灵敏度越低

多粒子在有界磁场中的收集问题

浙江省富阳中学　陈丽萍

诊断题目

如图1所示，x轴上方存在垂直纸面向外的匀强磁场，坐标原点处有一个正离子源，单位时间内在xOy平面内发射n_0个速率为v的离子，分布在y轴两侧各为θ的范围内。在x轴上放置长度为L的离子收集板，其右端点距坐标原点的距离为$2L$。当磁感应强度为B_0时，沿y轴正方向入射的离子，恰好打在收集板的右端点。整个装置处于真空中，不计重力，不考虑离子间的碰撞，忽略离子间的相互作用。

（1）求离子的比荷$\dfrac{q}{m}$。

（2）若发射的离子被收集板全部收集，求θ的最大值。

（3）假设离子到达x轴时沿x轴均匀分布。当$\theta = 37°$，磁感应强度在$B_0 \leqslant B \leqslant 3B_0$的区间取不同值时，求单位时间内收集板收集到的离子数n与磁感应强度B之间的关系。（不计离子在磁场中运动的时间）

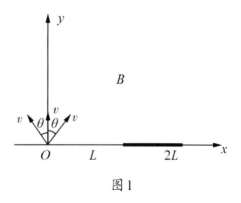

图1

参考答案

解：（1）洛伦兹力提供向心力，故$qvB_0 = m\dfrac{v^2}{R}$，

圆周运动的半径$R = L$，解得$\dfrac{q}{m} = \dfrac{v}{B_0 L}$。

（2）和y轴正方向夹角相同的向左和向右的两个粒子，达到x轴位置相同，当粒子恰好达到收集板最左端时，θ达到最大，轨迹如图2所示。

根据几何关系可知$\Delta x = 2R(1 - \cos\theta_m) = L$，解得$\theta_m = \dfrac{\pi}{3}$。

（3）$B > B_0$，全部收集到离子时的最小半径为R，如图3所示，有$2R_1\cos 37° = L$，解得$B_1 = \dfrac{mv}{qR_1} = 1.6B_0$。

当$B_0 \leqslant B \leqslant 1.6B_0$时，所有粒子均能打到收集板上，有$n_1 = n_0$。

当$B > 1.6B_0$时，恰好收集不到粒子时的半径为R_2，有$R_2 = 0.5L$，即$B_2 = 2B_0$。

当$1.6B_0 < B \leqslant 2B_0$时，设$R' = \dfrac{mv}{qB}$，

解得$n_2 = \dfrac{2R' - L}{2R'(1 - \cos 37°)}n_0 = n_0\left(5 - \dfrac{5B}{2B_0}\right)$；

当$2B_0 < B \leqslant 3B_0$时，所有粒子都不能打到收集板上，$n_3 = 0$。

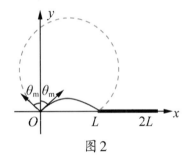
图2

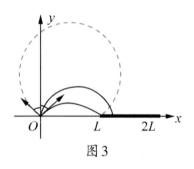
图3

🔴 典型错误

> 对粒子对称分布发射后，粒子在x轴上落点的几何图形不清晰，距离关系和角度关系混乱。

（一）错误类型一

解：（2）当粒子恰好达到收集板最左端时，θ达到最大。

根据几何关系可知$\Delta x = 2R(1 - \cos\theta_m) = 2L$。

（二）错误类型二

解：（3）当$B > B_0$时，全部收集到离子，有$2R_1\cos 37° = L$，解得$B_1 = \dfrac{mv}{qR_1} = 1.6B_0$。

当 $B_0 \leqslant B \leqslant 1.6B_0$ 时，

所有粒子均能打到收集板上，

有 $n_1 = n_0$。

> 不理解离子到达 x 轴时沿 x 轴均匀分布，写不出离子数 n 与磁感应强度 B 三个区间的关系。

三 错误探析

（一）错误类型一访谈

师：一群速度为 v 大小相同的离子在匀强磁场中做匀速圆周运动有什么共同特征？

生：应该是半径相同，y 轴方向出射的离子在第一象限的运动轨迹是一个半圆，到达 x 轴的位置离 y 轴最远，其他粒子到达 x 轴的位置应该是左移。我并不理解被收集板全部收集是什么意思，不知道如何寻找几何关系。

该学生对对称分布发射后，粒子在 x 轴上落点的几何图形不清晰，对距离关系和角度关系感到混乱，从而造成结果错误。

（二）错误类型二访谈

师：磁感应强度在 $B_0 \leqslant B \leqslant 3B_0$ 的区间取不同值，离子圆周运动的半径怎么变？

生：离子做圆周运动的半径变小，打在 x 轴上的离子集体往左边移动，意味着有些粒子能被收集，有些离子不能被收集，但是不清楚如何寻找临界粒子，也无法进行分类讨论，更写不出数学函数。

该学生不能准确完整地找出三个区间，也不理解离子到达 x 轴时沿 x 轴均匀分布的概念，因此无法写出离子数 n 与磁感应强度 B 之间的关系。

四 素养目标

与正确的同学交谈，了解他们的思维过程。

师：你是如何寻找全部离子都未打到收集板的临界点？

生：尝试绘制粒子的运动轨迹，找到两个特殊临界。

师：你是如何理解"假设离子到达 x 轴时沿 x 轴均匀分布"这句话的？

生：收集板收集到部分离子时，单位时间内收集到的离子数可以与单位时间发射n_0个速率为v的离子建立联系。

根据出错同学的素养水平确定教学起点，以正确同学的思维方式为蓝本，明确出错同学已有的素养水平和素养目标间的差距，设定本节内容的素养目标如下：

1. 运用动态圆模型及其对称性分析多粒子在有界磁场中的运动问题，找到临界点，然后作出相应的轨迹，依据平面几何关系求出对应的夹角。

2. 角度范围变化，即磁感应强度在一定取值范围内变化，打在极板上的粒子数n也发生相应变化，需利用数学函数表达式对其进行分类讨论。

五 纠正过程

任务1：分析动态圆模型及其对称性

问题情境：如图4所示，x轴上方存在垂直纸面向外的匀强磁场，坐标原点处有一个正离子源，单位时间内在xOy平面内发射n_0个速率为v的离子，分布在y轴两侧各为37°的范围内。在x轴上放置长度为L的离子收集板，其右端点距坐标原点的距离为$2L$。当磁感应强度为B_0时，沿y轴正方向入射的离子，恰好打在收集板的右端点。

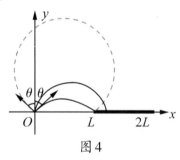

图4

问题和活动1：建立动态旋转圆模型，如图5所示。

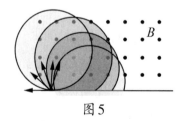

图5

问题和活动2：若没有收集板，这群离子到达x轴的位置有什么特点？

问题和活动3：若没有收集板，出射方向关于y轴对称的离子到达x轴的位置有什么特点？

问题和活动4：如何理解"若发射的离子被收集板全部收集"？

问题和活动5：通过抓住收集板收集的临界信息，利用数学表达式进行分类讨论。

任务2：分析多粒子在磁场中运动打到收集板的范围

问题情境：x轴上方的各个方向均匀不断地发射同种带正电粒子，现在观察到沿x轴负方向射出的粒子恰好打在薄金属板的上端，且速度方向与y轴平行。

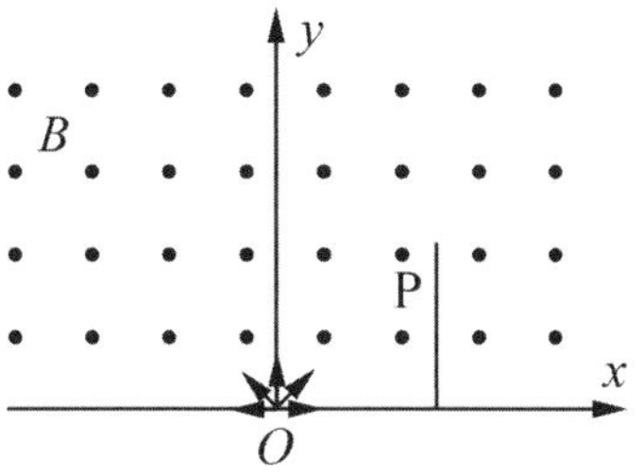

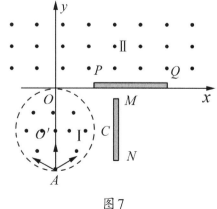

图6

问题和活动1：被薄金属板接收的粒子在磁场中运动的最短时间与最长时间。

问题和活动2：若在y轴上另放置一个能接收带电粒子的挡板，使薄金属板P右侧不能接收到带电粒子，求挡板的最小长度及放置的位置坐标。

问题和活动3：被薄金属板P接收的离子数占离子源发射的总离子数的百分比。

任务3：分析多粒子在有界磁场中运动打到收集板的范围

问题情境：A点有一正粒子源，单位时间内发射n_0个速度大小相同的正粒子，粒子均匀分布在y轴两侧各为$60°$的范围内。其中沿y轴正方向射入的粒子经偏转

图7

后从 C 点射出圆形磁场。若粒子与探测板 MN 碰撞后速度等大反向，打在收集板 PQ 的粒子将被吸收。

问题和活动1：若射出圆形磁场的粒子均与探测板 MN 碰撞，求探测板 MN 的最小长度 l。

问题和活动2：稳定后，求粒子对探测板 MN 的作用力大小 F。

问题和活动3：探究收集板 PQ 的收集率 η 与 P 点的横坐标 x 之间满足的关系。

六 反思提炼

培养学生熟练运用动态圆模型及其对称性分析和解决多粒子在有界磁场中的运动问题：找到临界点，然后作出相对应的轨迹，依据平面几何关系求出对应的夹角；当角度范围变化，磁感应强度变为在一定取值范围内时，打在极板上的粒子数 n 也发生相应变化，再利用数学函数表达式进行分类讨论。解答这类题目一般的思维流程如图8所示：

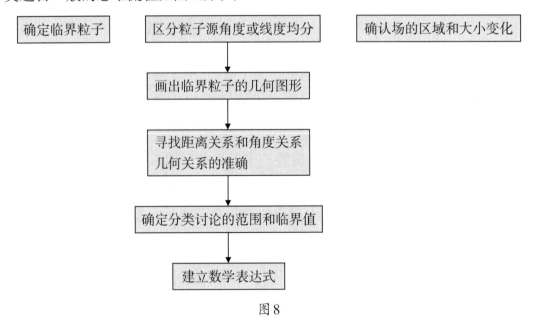

图8

七 针对练习

1. 如图9所示，在关于 y 轴对称的两虚线范围内，向 xOy 平面发射速率均为 v 的离子。在 x 轴上放置一长为 L 的收集板，其右端点与坐标原点的距离为 $2L$，当磁感应强度为 B_0 时（B_0 未知），从 O 点射出的所有离子恰好全部被收集板接收。

（1）求磁感应强度 B_0 的大小和图中虚线与 y 轴间的夹角 θ。

（2）在所有发射出的离子中，沿哪一方向射出的离子在磁场中运动时间最长？求该最长时间 t_{max}。

（3）只调整匀强磁场的磁感应强度 B 可改变收集板上收集到的离子数，若收集板上只收集到从 O 点发出的部分离子，求 B 的取值范围。

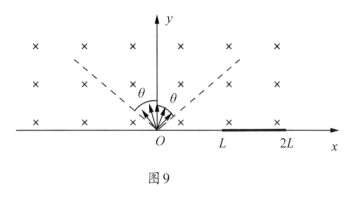

图9

2.在 xOy 平面内 $y \geq 0$ 的区域存在大小为 0.2 T、方向垂直平面向外的匀强磁场。坐标原点 O 处有一粒子源，在平面内向 $y \geq 0$ 范围的各个方向均匀发射带正电的同种粒子，其速度大小 $v_0 = 2 \times 10^4$ m/s。在 $x_0 = 0.4$ m 处放置垂直 x 轴，长度为 $L = 0.4$ m、厚度不计的探测板 P（粒子一旦打在探测板 P 上，其速度立即变为零）。已知粒子源沿 x 轴负方向射出的粒子恰好打在金属板 P 的最上端，且速度方向与 y 轴平行，不计带电粒子的重力和粒子间相互作用力。

（1）求被探测板 P 接收到的粒子中，打到 P 板左侧粒子数 n_1 与打到 P 板右侧的粒子数 n_2 之比。

（2）若某时刻粒子源沿 x 轴负方向射出一束速度不等的粒子，其速度大小从 0 到 $v_m = 3 \times 10^4$ m/s，求至少经过多长时间开始有粒子到达收集板，并写出此时该束粒子所包含的各粒子在平面内构成的图线方程。

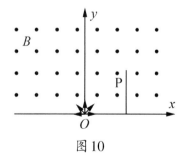

图10

参考答案：1.（1）$\dfrac{mv}{qL}$，$\dfrac{\pi}{3}$　（2）出射方向与 y 轴成 60° 指向左上方，$\dfrac{5\pi L}{3v}$

（3）$B < B_0$ 或 $B_1' > \dfrac{1}{2} B_0$　2.（1）2　（2）9.42×10^{-5} s；各粒子均分布在 $y = x$，$x \in (0, 0.6\,\mathrm{m})$ 直线上

带电粒子在磁场中运动的时间极值问题

杭州市富阳区第二中学　孙晓明

诊断题目

如图1所示，边界 OA 与 OC 之间分布有垂直纸面向里的匀强磁场，边界 OA 上有一粒子源 S。某一时刻，从 S 平行于纸面向各个方向发射出大量带正电的同种粒子，不计粒子的重力及粒子间的相互作用，所有粒子的初速度大小相同，经过一段时间有大量粒子从边界 OC 射出磁场。已知 $\angle AOC = 60°$，从边界 OC 射出的粒子在磁场中运动的最短时间等于 $\dfrac{T}{6}$（T 为粒子在磁场中运动的周期）。

（1）画出从边界 OC 射出的运动时间最短的粒子运动轨迹图。

（2）计算从边界 OC 射出的粒子在磁场中运动的最长时间。

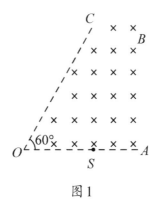

图1

参考答案

解：（1）如图2所示，由左手定则可知，粒子在磁场中做逆时针方向的圆周运动，由于粒子速度大小都相同，即半径相同，故轨迹弧长越小，粒子在磁场中运动时间就越短；而劣弧中弧长越小，所对弦长也越短，所以从 S 点作 OC 的垂线 SD，则 SD 为最短弦，可知粒子从 D 点射出时运行时间最短。

（2）如图2所示，从边界OC射出的粒子在磁场中运动的最短时间为$\frac{T}{6}$，可知$\triangle O'SD$为等边三角形，粒子做圆周运动的半径$R = SD$。

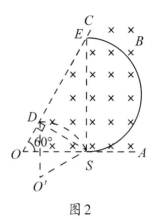

图2

过S点作OA垂线交OC于E点，由几何关系可知$SE = 2SD$，SE为圆弧轨迹的直径，所以粒子从E点射出，恰好运动轨迹为半圆。粒子从其他角度射入磁场时，在磁场中的运动轨迹都为劣弧。

所以粒子从E点射出时运动轨迹对应的弦最长，运行时间最长，且$t = \frac{T}{2}$。

二 典型错误

（一）错误类型一

解：（1）正电荷向左偏转，$\frac{T}{6}$对应圆心角为$60°$，垂直OA进入磁场，垂直OC出磁场，刚好满足时间最短。

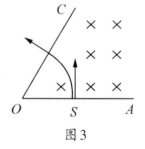

图3

以为圆心角$60°$对应的圆心在O点。

（二）错误类型二

解：（2）O为圆心，OS为半径，初始速度垂直于OA。

易得，初始速度沿OA方向的粒子在磁场中偏转最大，即运动时间最长。

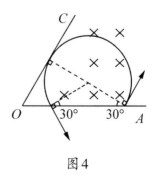

图4

凭感觉画出图线，认为相切时粒子运动时间有极大值。

三 错误探析

（一）错误类型一访谈

师：请说明你是怎样确定运动时间为$\frac{T}{6}$的粒子的轨迹圆心在O点的。

生：我觉得运动时间最短的粒子所对应的圆心角也最小。把圆心定在O点的时候，粒子垂直射入磁场垂直射出磁场，此时的圆心角最小。

师：圆心角最小对应的粒子在磁场中运动时间最短，有道理！圆心在O点，圆心角就最小了吗？

生：我的论证并不严谨，是根据以往的经验将圆心定在O点的。

该学生的错误在于缺乏求解时间极值问题的基本方法，仅凭借经验确定圆心位置，画出错误的粒子运动轨迹图，导致半径计算错误。

（二）错误类型二访谈

师：你为什么认为轨迹与边界OC相切时，粒子在磁场中运动的时间最长？

生：因为粒子在磁场中运动的时间与运动轨迹对应的圆心角有关，我猜测入射的粒子与边界OC相切时，运动轨迹对应的圆心角是最大的。

如图4所示，该学生的观点展现了一种惯性思维模式，即基于以往习题中常见的极值求解，认为轨迹的临界状态与边界相切。然而，正如学生自己所说，对临界状态的判断更多是基于猜测，而非经过严谨的定量计算。此外，还可以看出，学生对"旋转圆"模型没有深刻的理解，特别是在求解粒子在磁场中运动时间的极值问题时，缺乏清晰明确的思路和方法。

四 素养目标

与求解正确的同学交谈，了解他们画出粒子在磁场中运动时间最短对应的轨迹图的思维过程。

师：粒子在磁场中运动的最短时间为$\frac{T}{6}$，对此你当时是怎么想的？

生1：根据公式$t=\frac{\theta}{2\pi}T$，粒子运动时间最短，即圆心角最小，圆心角最小为$60°$。而在劣弧中，圆心角最小时，弦长最短，因而过S点作OC的垂线，即可找到最短弦。

生2：刚刚的结论我是知道的。我作一个补充，当粒子轨迹是劣弧时，弦长最短，圆心角最小。根据几何关系可知运动轨迹对应的弦最长时，粒子运行的时间最长，且$t = \dfrac{T}{2}$。

师：求解粒子运动的时间极值问题时，最核心的步骤是什么？

生2：在渐变过程中，找到临界情况，准确画出轨迹图像。

师：带电粒子在有界磁场中运动，有许多模型。在求解极值问题时，找到临界情况，准确画出轨迹图很重要。

在以往的学习经历中，学生对粒子在有界磁场中的运动规律有一定的认知基础，能够掌握解决相关问题的基本方法。正确求解的同学对"找圆心、画轨迹、定半径"的解题策略有着比较清晰的理解。同时，他们还能准确把握运动时间、圆心角、弦长等物理量之间的内在关系。这些学生在处理动态圆的渐变问题时，能够找到临界状态，从而求解运动时间的极值。

根据出错同学的素养水平确定教学起点，以正确同学的素养构成为蓝本，明确出错同学已有的素养水平和素养目标间的差距，设定本节内容的素养目标如下：

1. 通过对速度大小相等、方向不同的粒子进入磁场的运动轨迹进行分析，运用动态思维，建立旋转圆的模型，掌握求解时间极值问题的方法。

2. 通过对速度方向相同、大小不等的粒子进入磁场的运动轨迹进行分析，运用动态思维，建立放大圆的模型，掌握求解时间极值问题的方法。

3. 通过旋转圆和缩放圆模型的分析，掌握求解圆心角和半径的方法，并能够在具体问题中判断粒子在磁场中运动的时间极值问题。

五 纠正过程

任务1：画出旋转圆，寻找临界状态

问题情境1：如图5所示，在$0 \leqslant x \leqslant a$的区域内存在与$xOy$平面垂直的匀强磁场，磁感应强度大小为$B$。在$t = 0$时刻，从原点$O$发射一束等速率的相同带正电粒子，速度方向与$y$轴正方向的夹角分布在$0° \sim 90°$范围内。已知粒子在磁

场中运动半径$r = \dfrac{2}{3}a$，周期为T。

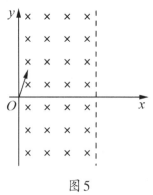

图5

问题和活动1：计算粒子从右边界出射的范围。

（如图6所示，选取沿y轴正方向入射的粒子，画出粒子运动的轨迹图；转动小圆盘，寻找轨迹与边界关系）

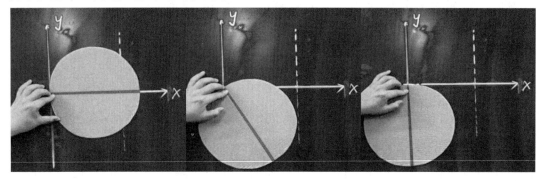

图6

问题和活动2：求带电粒子在磁场中运动的最长时间。

（寻找临界状态，找圆心，画轨迹，算出圆心角）

问题情境2：如图7所示，半径为$r = 3 \times 10^{-2}$ m的圆形区域内，粒子进入磁场做匀速圆周运动，轨迹半径$R = 5 \times 10^{-2}$ m。

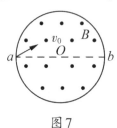

图7

问题和活动1：若使粒子在磁场中运动的时间最长，求粒子入射方向与ab

的夹角，并求出最长时间t_{max}的大小。

（如图8所示，选取竖直向上方向入射的粒子，画出该粒子运动的轨迹图；转动小圆盘，寻找轨迹与圆磁场边界的关系）

图8

问题和活动2：若粒子运动半径$R < r$，情况又如何？

任务2：体验轨迹圆的缩放过程，寻找临界状态

问题情境：如图9所示，该带正电粒子从O点沿纸面以与Od成30°角的方向，以大小不同的速率射入正方形内。

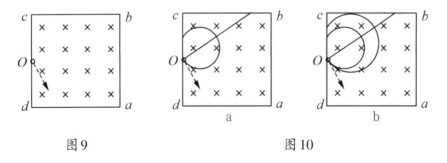

图9   图10

问题和活动1：画出恰好从bc边出射的轨迹图，求解此过程粒子的运动时间。

（如图10所示，找圆心，选取较小半径，画出圆弧。慢慢放大半径，找到恰好从bc边出射的轨迹图）

问题和活动2：如图11所示，求解粒子从ab边出射的时间取值范围。

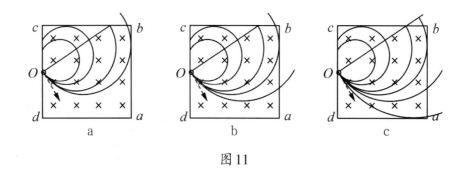

图 11

问题和活动3：求粒子从 ad 边出射的最大时间。

六 反思提炼

解决此类问题时，学生需明确可以通过弦的长短判断粒子在磁场中运动时间的长短。在分析时，学生应当利用动态圆的变化找到粒子轨迹与边界的临界情况。解题基本流程如图12所示：

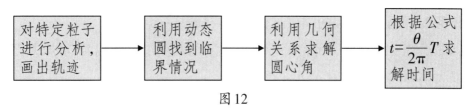

图 12

七 针对练习

1. 如图13所示，以直角三角形 AOC 为边界的有界匀强磁场区域，磁感应强度为 B，$\angle A = 60°$，$AO = a$。在 O 点放置一个粒子源，可以向各个方向发射某种带负电粒子，粒子的电量大小为 q，质量为 m，入射速度大小为 v_0，发射方向由图中的角度 θ 表示，不计粒子间的相互作用及重力。

（1）若 $v_0 = \dfrac{aqB}{m}$，求粒子从 AC 边界上出射区域的宽度。

（2）若 $v_0 = \dfrac{aqB}{m}$，求射入粒子在磁场中运动最短时间。（可用三角函数表示）

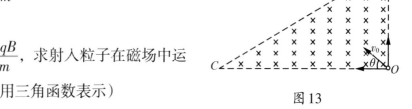

图 13

（3）沿 $\theta = 0°$ 方向射入磁场的粒子，若从 AC 边界出磁场的粒子运动时间最长，求此粒子入射速度 v_0 的大小。

2. 如图 14 所示，一有界匀强磁场的磁感应强度大小为 B、方向垂直于纸面向外，其边界如图中虚线所示，其中射线 bc 足够长，$\angle abc = 135°$，其他地方磁场的范围足够大。一束质量为 m、电荷量为 q 的带正电粒子，在纸面内从 a 点垂直于 ab 射入磁场，这些粒子具有各种速率，不计粒子重力和粒子之间的相互作用，以下说法正确的是（　　）。

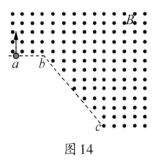

图 14

A. 从 ab 边射出的粒子在磁场中运动的时间都相等

B. 从 a 点入射的粒子速率越大，在磁场中运动的时间越长

C. 粒子在磁场中的最长运动时间不大于 $\dfrac{\pi m}{qB}$

D. 粒子在磁场中的最长运动时间不大于 $\dfrac{3\pi m}{2qB}$

参考答案：1.（1）宽度为 a　（2）$t = \dfrac{2m\arcsin\dfrac{\sqrt{3}}{4}}{qB}$　（3）$v_0 = \dfrac{3aqB}{(3+2\sqrt{3})m}$

2. AD

LC振荡电路中的图像规律问题

杭州市富阳区江南中学　金益锋

诊断题目

如图1所示，单刀双掷开关S先打到a端使电容器充满电。$t_1 = 0$时，开关S打到b端；$t_2 = 0.02\,s$时，LC振荡电路中电容器下极板带正电荷且电荷量首次达到最大值。

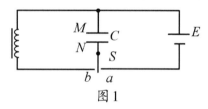

图1

（1）$t_3 = 0.015\,s$时，回路中电流沿顺时针方向还是逆时针方向，电容器处于充电状态还是放电状态？

（2）求出振荡周期T，并分析$0 \sim T$内何时自感电动势达到最大。

⚊ 参考答案

解：（1）根据题意，当$t = 0\,s$时，上极板电荷量最大；$t = 0.02\,s$时，下极板电荷量首次达到最大值，其间恰好经过半个周期，说明周期$T = 0.04\,s$。

规定LC振荡电路中电流沿顺时针方向时为正方向，根据图2所示的$i - t$图像，可推知$t = 0.015\,s$时回路中电流沿逆时针方向，电容器处于充电状态。

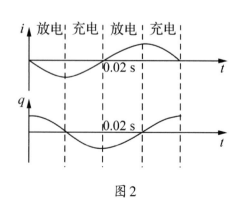

图2

（2）方法一：根据如图2所示的 $i-t$ 图像，在一个周期 T 内，0、$\frac{T}{2}$、T 等时刻电流变化最快，电流产生的磁通量变化率也最大，根据电磁感应规律，自感电动势最大。

方法二：因不计导线电阻，故线圈的自感电动势与电容器电压相等，在一个周期 T 内，0、$\frac{T}{2}$、T 等时刻电容器极板的电荷量最大，电容器电压最大，可推知自感电动势也最大。

二、典型错误

（一）错误类型一

$t=0.015\,\text{s}>0.01\,\text{s}$，此时电容器处于放完电后的充电状态，电流方向在 $0.01\,\text{s}$ 时发生变化。即 $0\sim0.01\,\text{s}$ 电流沿逆时针方向，之后 $0.015\,\text{s}$ 时电流沿顺时针方向。

> 没有把握电容器电荷量、电流变化规律。电容器放电后充电时带正电的极板发生变化，电流方向尚未变化。

（二）错误类型二

$t=0.01\,\text{s}$ 时电流最大，自感电动势也最大。同理，$t=0.03\,\text{s}$ 时电流最大，自感电动势也最大。

> 把线圈当电阻看待。该模型不适用于电阻模型和欧姆定律。以为电流最大，电动势也会最大。

三、错误探析

（一）错误类型一访谈

师：你认为开关由 a 端打到 b 端时，电容器的带电量有什么特点，在接通电路的较短时间内会产生什么现象？

生：电容器上极板带正电，下极板带负电。在接通电路后会有放电现象。

师：你知道这个放电过程中电流的方向吗？

生：逆时针方向。

师：你认为什么时候电容器的电量第一次放完？放完之后又会产生什么现象？

生：因为题干中提到 $0.02\,\text{s}$ 时电量又达到最大值，因此存在放电后又充电的过程，所以应该在中间时刻即0.01 s时，电量第一次放完，而后电流方向相反，沿顺时针方向。

该学生错误地认为电量为零时电流也为零，并且电流方向在此时发生变化。

（二）错误类型二访谈

师： 开关由a端打到b端，电容器放电的过程中，电流如何变化？

生： 电流会变大。

师： 你从什么角度得出电流变大的结论？

生： 因为能量守恒，电容器放电的过程中，电场能会减小，因此磁场能增大，对应电流增大。

师： 电流变大的过程中，线圈自感电动势如何变化？

生： 电量最大时，电容器电压也最大；同理，可以得出电流变大时，自感电动势会同步变大。

该学生的错误在于套用了纯电阻电路中电量和电压的对应关系，没有理清电流和自感电动势之间的物理关系。

㈣ 素养目标

与求解正确的同学交谈，了解他们的思维过程。

师： 电容器放电时电流大小如何变化？

生： 电容器放电时，电场能减小。根据能量守恒定律可知，磁场能会增大，与磁场能对应的电流也会增大。

师： 如何理解放电结束后的充电过程？

生： 上极板带正电且放电结束时电流最大，根据楞次定律，电流会继续沿原来的方向慢慢减小（自感现象）。在这个过程中，下极板带正电且电量不断增大，电容器处于充电状态。

师： 电流方向何时发生变化？

生： 当电流为零时，电量最大。若此时是上极板带正电，根据题干电路图示可知，之后将有逆时针方向的电流放电；若此时是下极板带正电，之后将有顺时针方向的电流放电。因此，电流为零（电量最大）时，电流方向发生改变。

师： 如何理解电流和自感电动势的关系？

生： 自感电动势的定义式是 $E = -L\dfrac{\Delta i}{\Delta t}$，所以在电流为零时变化最快，自感电动势最大。也可以根据电容器和线圈是并联关系，电容器电压和自感电动势应该时刻相同，所以在电量最大（电流为零）时，电压最大，自感电动势也最大。

根据出错同学的素养水平确定教学起点，以正确同学的素养构成为蓝本，明确出错同学已有的素养水平和素养目标间的差距，设定本节内容的素养目标如下：

1. 认识 LC 振荡电路与纯电阻电路的区别：LC 振荡电路不适用于欧姆定律，LC 振荡电路模型的建模基础是能量守恒定律与电流惯性（自感现象）。

2. 理解电量和电场能、电流与磁场能的对应关系。

3. 能够作出 $q-t$ 图像、$i-t$ 图像等，并推导物理量之间的联系。

五 纠正过程

任务1： 根据电场和磁场的特征作出 $q-t$ 图像和 $i-t$ 图像

问题情境一：如图3所示，已知在 $t = 0\,\text{s}$ 时，LC 振荡电路中线圈内的磁场方向向上。规定回路中顺时针方向的电流为正，当电容器上极板带正电荷时，$q-t$ 图像为正。

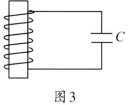

图3

问题和活动1：若电容器上极板带正电，则线圈中的电流是在增大还是减小？

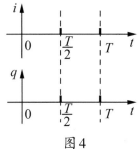

图4

结论与解释

思维引导：作出一个周期内的 $i-t$ 图像和 $q-t$ 图像，并解释结论。

问题和活动 2：若线圈中的磁场强度正在减弱，则电容器上极板带正电还是负电？

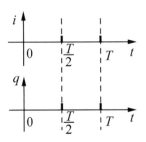 

结论与解释

思维引导：作出一个周期内的 $i-t$ 图像和 $q-t$ 图像，并解释结论。

问题和活动 3：若电容器正在充电，则自感电动势在增大还是减小？

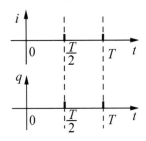 

结论与解释

思维引导：作出一个周期内的 $i-t$ 图像和 $q-t$ 图像，并解释结论。

任务 2：根据电场和磁场的特征作出 $E_磁-t$ 图像和 $E_电-t$ 图像

问题情境：如图 5 所示，已知在 $t=0\,\text{s}$ 时 LC 振荡电路中电容器内的电场方向竖直向上。规定回路中顺时针方向的电流为正，当电容器下极板带正电荷时，$q-t$ 图像取正，振荡周期 $T=0.2\,\text{s}$。

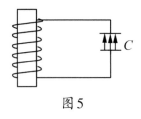

图 5

问题和活动 1：若 $t=0\,\text{s}$ 时线圈中磁场方向向上，则 $t=0.1\,\text{s}$ 时线圈中的磁场能在增大还是减小？

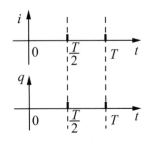 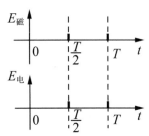 

结论与解释

思维引导：作出一个周期内的 $i-t$ 图像和 $q-t$ 图像，再分别对应 $E_磁-t$ 图像和 $E_电-t$ 图像，并解释结论。

问题和活动2：若 $t=0\,\text{s}$ 时回路中的电流沿逆时针方向，则 $t=0.35\,\text{s}$ 时电容器中的电场能在增大还是减小？

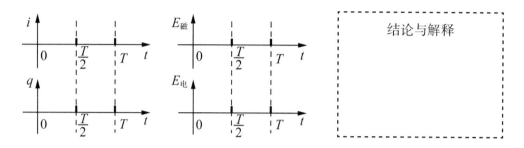

结论与解释

思维引导：作出一个周期内的 $i-t$ 图像和 $q-t$ 图像，再分别对应 $E_磁-t$ 图像和 $E_电-t$ 图像，并解释结论。

六 反思提炼

关于 LC 振荡电路中图像问题的解答，需要结合电量与电压、电压与电场、电量与电场能、电流与磁感应强度、电流与磁场能的相互关系，推导各个物理量随时间的变化规律，利用图像分析 LC 振荡电路中充电、放电等各个阶段物理量的变化规律。此类问题的思维流程如图6所示：

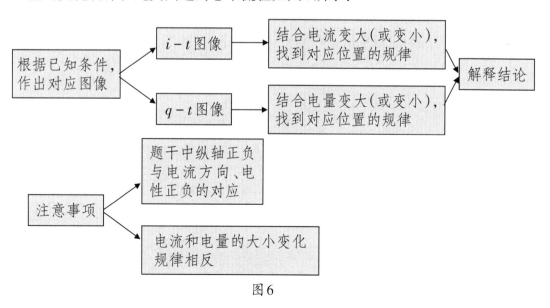

图6

七 针对练习

1. 将被测的力学量（如位移、力、速度等）转换为电容变化进而转变成电信号变化的传感器称为电容传感器。如图7所示，当开关 S 从"1"拨到"2"时，由线圈 L 与电容 C 构成的回路中产生振荡电流。当被测物体在左、右方向发生位移时，电介质板随之在电容器两极板之间移动，电容器的电容发生变化，振荡电流的频率也随之变化。当被测物体向左移动时，电容器的电容_____（填"增大"或"减小"，下同），振荡电流的频率_____；某瞬间，电容器正在充电，则线圈的自感电动势正在_____。

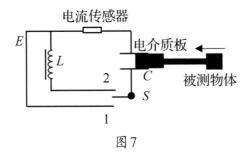

图7

2. 图8为 $t = 0$ 时 LC 振荡电路发生电磁振荡的状态，此时线圈内磁场方向向下，电容器中电场方向向下，已知振荡周期 $T = 0.5\,\text{s}$，问：

（1）此时电容器正在充电还是放电？

（2） $t = 0.2\,\text{s}$ 时，回路中的振荡电流正在增大还是减小？

（3） $t = 1.12\,\text{s}$ 时，磁场能正在增大还是减小？

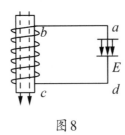

图8

参考答案： 1. 增大　减小　增大

2.（1）放电　　（2）增大或者减小都有可能　　（3）增大或者减小都有可能

电磁感应中的等效电路问题

浙江省富阳中学　司烈翔

诊断题目

如图1所示，两根光滑平行金属导轨固定在绝缘水平面上，左、右两侧导轨间距分别为 d 和 $2d$，处于竖直向上的磁场中，磁感应强度大小分别为 $2B$ 和 B，导轨右侧连接一个电容为 C 的电容器。已知导体棒 MN 的电阻为 R、长度为 d、质量为 m，导体棒 PQ 的电阻为 $2R$、长度为 $2d$、质量为 $2m$。初始时刻开关断开，两棒静止，两棒之间压缩一轻质绝缘弹簧（但不连接），弹簧的压缩量为 L。释放弹簧，恢复原长时 MN 恰好脱离轨道，PQ 的速度为 v，并触发开关闭合。整个过程中两棒保持与导轨垂直并接触良好，右侧导轨足够长，所有导轨电阻均不计。问：

（1）脱离弹簧瞬间，导体棒 PQ 上的电动势多大？PQ 两点中哪点电势更高？

（2）刚要脱离轨道的瞬间，导体棒 MN 所受的安培力有多大？

（3）整个运动过程中，通过导体棒 PQ 的电荷量为多少？

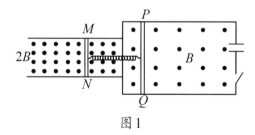

图1

参考答案

解：（1）脱离弹簧瞬间导体棒 PQ 上的感应电动势大小为 $E = 2Bdv$，Q 点电势高。

（2）弹簧伸展过程中，系统动量守恒，可得 $mv_1 = 2mv$，

解得导体棒 MN 的速度为 $v_1 = 2v$。

PQ 速率为 v 时，回路中的感应电动势大小为 $E = 2Bd \cdot 2v + 2Bdv = 6Bdv$，

回路中的感应电流大小为 $I = \dfrac{E}{3R} = \dfrac{2Bdv}{R}$，

则导体棒 MN 所受的安培力大小为 $F_{MN} = 2BId = \dfrac{4B^2d^2v}{R}$。

（3）脱离前，$q_1 = \dfrac{\Delta\Phi}{3R}$，代入数据得 $q_1 = \dfrac{2BdL_1 + 2BdL_2}{3R} = \dfrac{2BLd}{3R}$。

脱离后，导体棒 PQ 向右运动，最终速度为 v_2，

由动量定理得 $-2Bdq_2 = 2mv_2 - 2mv$，

导体棒上电压与电容器上电压相同，有 $q_2 = 2CBdv_2$，

联立两式解得 $q_2 = \dfrac{2mvCBd}{m + 2CB^2d^2}$，

整个运动过程中，通过导体棒 PQ 的电荷量为 $q = q_1 + q_2 = \dfrac{2BLd}{3R} + \dfrac{2mvCBd}{m + 2CB^2d^2}$。

⊟ 典型错误

（一）错误类型一

解：（1）脱离弹簧瞬间，导体棒 PQ 向右运动切割磁感线，

感应电动势大小为 $E = 2Bdv$，

由右手定则可知，P 点电势较高。 ▷ 认为 P 是电源的正极，电势高。

（二）错误类型二

解：（2）导体棒 MN 刚要离开时，

导体棒 PQ 在切割磁场，感应电动势大小为 $E = 2Bdv$，

电流 $I = \dfrac{E}{3R} = \dfrac{2Bdv}{3R}$， ▷ 认为回路中只有 PQ 切割磁感线产生感应电动势。

导体棒 MN 受到的安培力 $F = 2BdI$，

解得 $F = \dfrac{2B^2d^2v}{3R}$。

（三）错误类型三

解：（3）导体棒 MN 离开前，$q_1 = It = \dfrac{\Delta\Phi}{3R}$，

$\Delta\Phi = 2BdL_1 + 2BdL_2 = 2BdL$，

解得 $q_1 = \dfrac{2BdL}{3R}$。

导体棒 MN 离开后，导体棒 PQ 向右运动直到停下，

由动量定理得 $-2Bdq_2 = 0 - mv$，

认为导体棒最终是静止的。

解得 $q_2 = \dfrac{mv}{2Bd}$，$q = q_1 + q_2 = \dfrac{2BdL}{3R} + \dfrac{mv}{2Bd}$。

三 错误探析

（一）错误类型一访谈

师： 请说明你是怎样判断导体棒 PQ 两端电势高低的。

生： 导体棒 PQ 向右运动，根据右手定则判断电流方向是由端点 P 指向端点 Q，则 P 点电势高。

师： 你认为这个时刻导体棒 PQ 相当于电路中的什么？

生： 应该是电源。

师： 有电流吗？

生： 导体棒 MN 离开了导轨，应该是没有回路，就没有电流了。

师： 那导体棒 PQ 两端有电势差吗？

生： 有，棒在切割，电源还是在的，应该是有电动势的。

师： 那这种情况如何判断电势高低？

生： 我觉得根据电路的知识，电流总是从高电势流向低电势，就是 P 点高。

师： 看来你的问题在这儿，在外电路，电流是从高电势流向低电势，但在电源内部却是从低电势流向高电势。

从该学生的描述可以判断，他对电路的基础知识有一定了解，明确知晓在外电路中电流是从高电势流向低电势，但不理解电源内部电流方向与电势的关系。因此，尽管他能够运用右手定则判断感应电流的方向，但在实际应用时仍然出现偏差，这属于"物理观念"层面的问题。

（二）错误类型二访谈

师： 请说明你是怎样判断导体棒 MN 所受安培力的大小的。

生： 导体棒 MN 中是有电流的，求出电流大小后就可以根据 $F=BIL$ 求安培

力的大小。

师：如何求电流大小呢？

生：电流是导体棒PQ切割磁感线产生的，由$I = \dfrac{BLv}{R}$可以求。

师：导体棒MN也运动了，也在切割磁感线了，会不会也产生电动势？

生：这个我没有想到。

从学生的描述可以判断，学生在处理"多棒切割"问题时，尚未养成构建等效电路图的良好习惯，属于"科学思维"层面的问题。

（三）错误类型三访谈

师：请说明你是怎样求解导体棒PQ向右运动时通过的电荷量的。

生：导体棒PQ最终会停下，根据动量定理就可以求电量了。

师：导体棒PQ为什么会停下？

生：因为PQ受到了向左的安培力。

师：电容器与电阻有什么不同？

生：电阻可以通过电流，而电容器在通电时会被充电，进而存储电荷。

师：电容器存储电荷后产生电压，随电压增大充电电流逐渐减小，最终电流为零，那么导体棒怎么会停下呢？

生：导体棒最后应该是匀速运动的，我这里分析错了。

从学生的描述可以判断，他不会分析电容电路与电磁感应相结合的问题，尤其是对电源电动势问题分析不清，属于"科学思维"层面的问题。

（四）素养目标

与求解正确的同学交谈，了解他们分析电磁感应问题的思维过程。

师：你是怎样判断导体棒PQ两端电势高低的？

生1：导体棒PQ向右运动切割磁感线，根据右手定则判断电流是从P流向Q（因为导体棒PQ是电源，所以没有电流时就可判断Q是正极），就可判断Q点电势高。

师：你是怎样判断导体棒MN所受安培力的方向的？

生2：导体棒MN向左、导体棒PQ向右，都在切割磁感线，且产生的电流方向相同，就相当于一个电路中有两个电源（电动势相加）。我先画出等效电路图，求出电流，再利用安培力公式求出安培力。

师：你是怎样求电磁感应过程中通过导体的电荷量的？

生3：首先需要明确电路结构，识别电源和用电器。再根据电路结构画出等效电路图，然后利用法拉第电磁感应定律求出电流大小，从而求解电量大小。

根据出错同学的素养水平确定教学起点，以正确同学的素养构成为蓝本，明确出错同学已有的素养水平和素养目标间的差距，设定本节内容的素养目标如下：

1. 通过分析等效电源，学生能区分"楞次定律""左手定则""右手定则"，并能用"右手定则"判断电势的高低。

2. 通过梳理不同的电磁感应模型，了解感应电流产生的几种类型，进而能准确定位电源并分析电路结构。

3. 能在综合问题中构建不同过程、不同状态时的等效电路图，从而解决复杂问题。

五 纠正过程

任务1：导体棒切割产生感应电流的电路问题

问题情境：如图2所示，倾斜光滑导轨（间距为 L，倾斜角度为 θ）与圆形金属环（半径为 r）和 OO'（过环的圆心）相连，长度略大于 r 的 a 杆匀速转动（角速度为 ω），b 杆（a、b 与电阻阻值都为 R，b 杆质量为 m）恰好静止（斜面光滑），两匀强磁场分别与圆环面和倾斜导轨面垂直向下，大小 B_1 已知，开关闭合。

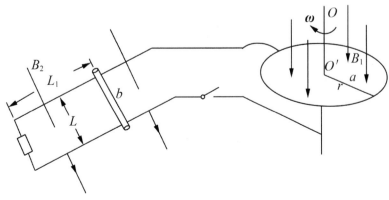

图2

问题和活动1：判断 a 杆两端电势的高低及大小。

（运用右手定则，并从平动迁移到转动）

问题和活动2：求 a 杆两端电势差的大小。

（在转动中正确使用法拉第电磁感应定律）

问题和活动3：如果 b 杆在外力作用下沿轨道向上匀速运动，分析求解电阻 R 上的电流方向和大小。

（分组讨论复杂电磁感应问题中的不同情况并求解）

任务2： 磁场 B 变化产生感应电流的电路问题

问题情境1：如图3所示，将一根绝缘硬质细导线依次绕成如图所示的线圈，其中大圆面积为 S_1，小圆面积均为 S_2。在垂直于线圈平面的方向上存在一个随时间 t 变化的磁场，磁感应强度的大小为 $B = B_0 + kt$，其中 B_0 和 k 均为常量。

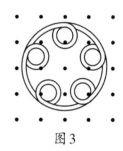

图3

问题和活动1：请描述回路中的电流方向及电源分布。

（画出等效电路）

问题和活动2：请计算线圈中总的感应电动势大小。

（合理选择面积，并根据电磁感应定律计算电动势的大小）

问题情境2：如图4所示，将一通电螺线管竖直放置，螺线管内部形成方向竖直向上、磁感应强度大小为 $B = kt$ 的匀强磁场。在螺线管内部，用绝缘轻绳悬挂一个与螺线管共轴的金属薄圆管，其电阻率为 ρ、高度为 h、半径为 r、厚度为 d（$d \ll r$）。

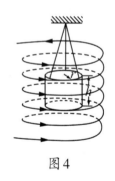

图4

问题和活动1：从上向下看，圆管中的感应电流方向为_____（填"逆时针"或"顺时针"）。

（金属薄圆管的截面即与磁场垂直的面上有感应电流）

问题和活动2：圆管的热功率大小是多少？

（运用楞次定律和法拉第电磁感应定律分析问题，并在实际问题中建立模型）

任务3：磁场B变化与导体棒切割产生感应电流的组合式问题

问题情境：某研发小组设计了一款臂力测试仪。装置的简化原理如图5a所示，两平行金属导轨MM'、NN'竖直放置，且间距为L。在M、N和M'、N'之间分别接有一个阻值为R的电阻。在两导轨间$EFGH$矩形区域内有垂直于导轨平面向里的宽度为d的磁场，磁感应强度变化如图5c所示，已知B_0和t_0。一根质量为m、长度为L、电阻也为R的导体棒垂直放置在导轨上，导体棒与弹簧相连，弹簧下端固定，弹簧伸至原长后其顶端恰好与EF在同一条直线上。测试者利用臂力将导体棒向下压至某位置后释放，导体棒向上运动到HG时会与HG处的压力传感器发生撞击（图5b为装置的侧视图），压力传感器可以显示撞击力的大小，从而反映臂力的大小。

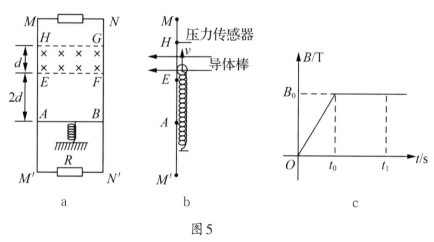

图5

问题和活动1：为测试其电特性，进行如下实验：

磁场区域内的磁感应强度如图5c所示，求$0 \sim t_0$时间内流过MN的电流I的大小和方向。（棒未动）

（确定电源位置及电阻的串并联关系，并画出等效电路图）

问题和活动2：为测试其力特性，在$t > t_0$这段时间内进行如下实验：

设某次测试中，将弹簧压缩至AB位置后释放，AB与EF间的竖直距离为$2d$，当导体棒进入磁场的瞬间，加速度为$2g$，求此时导体棒上的电流大小和方向。（导体棒运动中与导轨始终保持接触良好且导轨电阻不计，重力加速度g取$10\ \mathrm{m/s^2}$）

（确定引起感应电流的原因，构建等效电路图，结合其他条件对问题进行求解）

六 反思提炼

在电磁感应相关内容的学习中，电源和等效电路的分析既是核心问题，也是基础内容。本节课针对学生在解题过程中暴露的易错点，精选典型情境展开重点分析，旨在帮助学生突破思维障碍，建立正确的电磁感应问题分析与解决思维模式，从而提高学生物理学科的核心素养。分析电磁感应中电路问题的一般思路如图6所示：

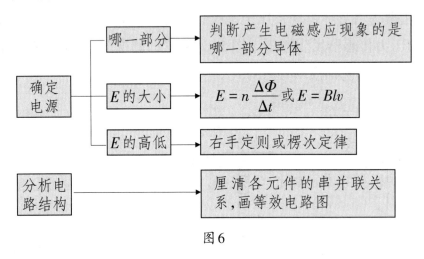

图6

七 针对练习

1. "嫦娥五号"成功实现月球着陆和返回，鼓舞人心。小明知道月球上没有空气，无法靠降落伞减速降落，于是设计了一种新型船舱着陆装置。如图7所示，该装置由船舱、间距为 L 的平行导轨、产生垂直导轨平面的磁感应强度大小为 B 的匀强磁场的磁体和 "∧" 型刚性线框组成，"∧" 型线框 ab 边可沿导轨滑动并接触良好。船舱、导轨和磁体固定在一起，总质量为 m_1。整个装置竖直着陆到月球表面前瞬间的速度大小为 v_o，接触月球表面后线框速度立即变为零。经过减速，在导轨下方缓冲弹簧接触月球表面前船舱已

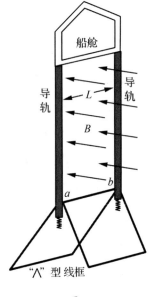

图7

可视为匀速。已知船舱电阻为 $3r$；"∧"型线框的质量为 m_2，其7条边的边长均为 L，电阻均为 r；月球表面的重力加速度为 $\frac{1}{6}g$，整个运动过程中只有 ab 边在磁场中，线框与月球表面绝缘，不计导轨电阻和摩擦阻力。

（1）求着陆装置接触到月球表面后瞬间线框 ab 边产生的电动势 E。

（2）通过画等效电路图，求着陆装置接触到月球表面后瞬间流过 ab 的电流 I_0。

2. 如图8甲所示，间距 $L = 1\,\mathrm{m}$ 的足够长的倾斜导轨倾角 $\theta = 37°$，导轨顶端连接一电阻 $R = 1\,\Omega$，左侧存在一面积 $S = 0.6\,\mathrm{m}^2$ 的圆形磁场区域 B，磁场方向垂直于斜面向下，大小随时间变化如图8乙所示，右侧存在着方向垂直于斜面向下的恒定磁场 $B_1 = 1\,\mathrm{T}$。一长为 $L = 1\,\mathrm{m}$，电阻 $r = 1\,\Omega$ 的金属棒 ab 与导轨垂直放置，$t = 0$ 至 $t = 1\,\mathrm{s}$，金属棒 ab 恰好能静止在右侧的导轨上，之后金属棒 ab 开始沿导轨下滑，经过足够长的距离进入 EF，且在进入 EF 前速度已经稳定，最后停在导轨上。已知 EF 左侧导轨均光滑，EF 右侧导轨与金属棒间的动摩擦因数 $\mu = \tan\theta$，取 $g = 10\,\mathrm{m/s}^2$，不计导轨电阻与其他阻力，$\sin 37° = 0.6$，$\cos 37° = 0.8$。

（1）求 $t = 0$ 至 $t = 1\,\mathrm{s}$ 内流过电阻的电流方向和大小。

（2）画一画金属棒 ab 进入 EF 后的等效电路图。

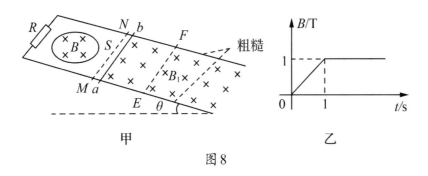

图8

参考答案： 1.（1）$E = BLv_0$　（2）　，$I_0 = \dfrac{BLv_0}{2r}$

2.（1）$I = 0.3\,\mathrm{A}$　（2）

电磁感应中的电量求解问题

杭州市富阳区第二中学　章顺东

诊断题目

固定在水平桌面上的平行光滑金属导轨如图1所示，导轨间距 $L = 1\,\mathrm{m}$，左端与 $R = 4\,\Omega$ 的电阻相连，导轨间有垂直于导轨平面向上的匀强磁场，导体棒 ab 垂直放在导轨上。现给导体棒施加一水平向右的恒力 F，测得导体棒速度随时间变化的图像如图2所示。已知导体棒质量 $m = 0.5\,\mathrm{kg}$，有效阻值 $r = 1\,\Omega$，磁场磁感应强度 $B = 2\,\mathrm{T}$，其他电阻忽略不计。求：

（1）导体棒运动过程中通过电阻 R 的最大电流。

（2）导体棒开始运动后 $1\,\mathrm{s}$ 内，通过电阻 R 上的电荷量及导体棒 ab 通过的位移。

（3）导体棒开始运动后 $1\,\mathrm{s}$ 内电阻 R 上产生的热量。

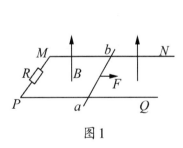

图1

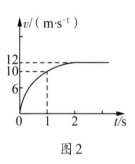

图2

参考答案

解：（1）当导体棒的速度最大时，通过电阻 R 的电流也最大。

由图2可知，导体棒的最大速度 $v_{\max} = 12\,\mathrm{m/s}$，

则 $I_{\mathrm{m}} = \dfrac{E}{R + r} = \dfrac{BLv_{\mathrm{m}}}{R + r} = 4.8\,\mathrm{A}$。

由右手定则可知，电流通过电阻 R 的方向为 $P \to M$。

（2）当速度达到 12 m/s 后，导体棒做匀速直线运动，

此时恒力与安培力相等 $F = BI_mL = 9.6\,\mathrm{N}$，

$0 \sim 1\mathrm{s}$ 内，根据动量定理可得 $Ft_1 - B\bar{I}L \cdot \Delta t = mv_1 - 0$，

解得 $q = \bar{I} \cdot \Delta t = 2.3\,\mathrm{C}$，

又因为 $q = n\dfrac{\Delta \Phi}{R_总} = \dfrac{BLx_1}{R+r}$，

解得 $x_1 = 5.75\,\mathrm{m}$。

（3）$0 \sim 1\mathrm{s}$ 内，由动能定理可得 $Fx_1 - Q_总 = \dfrac{1}{2}mv_1^2 - 0$，

解得 $Q_总 = 30.2\,\mathrm{J}$，

电阻 R 上产生的热量 $Q_R = \dfrac{R}{R+r}Q_总 = 24.16\,\mathrm{J}$。

二 典型错误

（一）错误类型一

解：（2）恒力 $F = BI_mL = 9.6\,\mathrm{N}$，

$0 \sim 1\mathrm{s}$ 内：$Ft_1 - B\bar{I}L\Delta t = mv_1 - 0$，

$q = \bar{I}\Delta t = 2.3\,\mathrm{C}$，

解得 $q_R = \dfrac{R}{R+r}q = 1.84\,\mathrm{C}$。

> 以为串联电路中电量是按电阻进行比例分配的。

（二）错误类型二

解：（3）$\bar{I} = \dfrac{q}{\Delta t} = 2.3\,\mathrm{A}$，

解得 $Q_R = \bar{I}^2Rt_1 = 21.16\,\mathrm{J}$。

> 用平均电流来求电路中的焦耳热。

（三）错误类型三

解：（2）由动量定理：$-B\bar{I}L\Delta t = -mv_1$，

解得 $q = \bar{I}\Delta t = 2.5\,\mathrm{C}$。

> 动量定理书写错误。

三 错误探析

（一）错误类型一访谈

师：在求电量的时候，你为什么会想到按电阻进行比例分配呢？

生：平时在计算的时候，物理量一般都是按比例分配的，我当时自然就想到电量也应该进行比例分配。

师：请问电流的形成原因是什么？

生：由于电荷的定向移动而形成电流。

师：两个串联的电阻、电流关系如何呢？相同时间内流过的电荷量是否相同呢？

生：哦！我知道错误的原因了。对于串联电路、电流处处相等，那么流过两个电阻的电荷量应该是相同的。

（二）错误类型二访谈

师：请问平均电流的物理意义是什么？

生：我认为是单位时间里通过导体任一横截面的电荷量。

师：热量与电流做功有关，那么能否用平均电流来计算呢？如何理解电流的有效值呢？

生：谢谢老师的提醒，热量应该用电流的有效值来计算，而平均值往往是用来求电量的。

（三）错误类型三访谈

师：请问在写动量定理时，你觉得首先要做什么？

生：应该先求出研究对象所受的合外力。

师：那么你当时是否对物体进行了正确的受力分析呢？

生：我在脑中简单地思考过受力分析，但在书写时却只考虑到了安培力的冲量。

师：你在这里有考虑等式两边的方向问题吗？

生：书写时我考虑到了，但是发现等式两边要相等就必须符号一致，所以直接在两边加了负号。

师：很好，动量定理的书写除了要注意求合外力的冲量之外，你还考虑到了物理量的矢量性，但是在求合力冲量时发生了错误。

四 素养目标

与求解正确的同学交谈，了解他们对电磁感应问题中电荷量求解的思维过程。

师： 说说你对电磁感应问题中电量求解的基本思路。

生： 考虑到电量的定义，我首先想到应该用平均电流进行求解，而在电磁感应问题中往往需要结合动量定理来使用，这样我就找到了基本的解题思路。

师： 你在书写动量定理的时候会考虑什么？

生： 认真做受力分析并考虑物理量的矢量性，即规定正方向。

师： 很好！正确理解电流的平均值和有效值的区别，以及它们具体的物理意义，对解决此类问题有很大的帮助。

物理学科与其他理科学科一样，单纯依靠死记硬背是远远不够的。那些能够正确解答上述例题的同学，往往对相应的物理知识点有较深刻的理解，能够真正掌握各个物理概念的内涵和应用，同时还具有严谨的物理思维，能够应用理论知识解决实际问题。

根据出错同学的素养水平确定教学起点，以正确同学的素养构成为蓝本，明确出错同学已有的素养水平和素养目标间的差距，设定本节内容的素养目标如下：

1. 知道电流的有效值和平均值的不同物理意义及其用途，掌握电流随时间线性变化时平均电流的计算方法。

2. 知道不同电路结构中电量的分配原则。

3. 学会用动量定理求解导体棒切割问题中的电量，能够利用法拉第电磁感应定律求解电量。

五 纠正过程

任务1：求解串、并联电路中的电量分配问题

问题情境：图3、图4分别为串联电路和并联电路。

问题与活动：接入电路后电量是如何分配的？怎么计算？

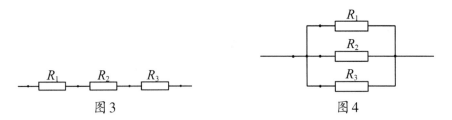

图3   图4

电量的分配原则：

串联电路（图3）：据 $q = It$，串联电路中电流处处相等，所以流过各个电阻的电量相等：$q_1 = q_2 = q_3$。

并联电路（图4）：据 $q = It = \dfrac{U}{R}t$，并联电路中各支路的电压相等，所以流过各个电阻的电量之比为：$q_1 : q_2 : q_3 = \dfrac{1}{R_1} : \dfrac{1}{R_2} : \dfrac{1}{R_3}$。

任务2： 用动量定理求解导体棒切割问题中的电量

问题情境1：图5中给金属杆 ab 一个初速度 v_0 开始向右运动，不计阻力。

问题情境2：图6中存在竖直向上的匀强磁场，用绝缘细线悬挂的 ab 棒从高 h_1 的地方静止下落，与导轨短暂接触后能再次上摆的高度为 h_2，求接触瞬间通过金属杆 ab 的电荷量。

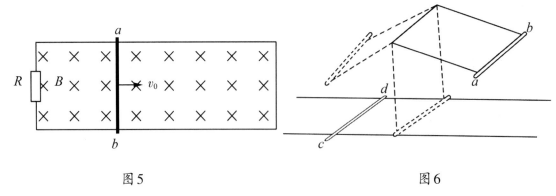

图5   图6

问题和活动1：再次回顾已学知识点。

（1）电流的平均值和有效值。

电流的平均值：电流的平均值是从电路通过的电量来考虑的，是电流在时间积累效应上的平均效果。因此，平均值往往用来求电量，不能用来求热量。

电流的有效值：电流的有效值是根据电流做功的热效应来定义的。在同一周期内，交流电通过某定值电阻产生的焦耳热与直流电通过同一电阻产生的焦耳热相等时，直流电的值就是交流电的有效值。因此，有效值一般用于计算热量，而不能用于计算电量。

（2）电磁感应问题中电量的求解只能用电流的平均值来计算。

利用动量定理求解电量的公式推导：

电量表达式：$q = \bar{I}t$；

动量定理：$F_合 \Delta t = \Delta p$，公式中的 $F_合$ 也是时间 Δt 内的平均值，$F_合$ 为金属棒受到的安培力时，有 $F_安 \Delta t = \Delta p$，安培力 $F_安 = B\bar{I}L$；

综合上面三式，得 $q = \dfrac{\Delta p}{BL}$。

问题和活动2：通过正确的受力分析和过程分析，能够列出相应的动量定理，并由此求出电荷量。

如图5所示，金属棒 ab 从开始运动到静止的过程中：$-B\bar{I}l \cdot \Delta t = 0 - mv_0$，

再根据 $q = \bar{I}\Delta t$ 可求得电量。

如图6所示，ab 棒下摆到最低点接触导轨前瞬间的速度为 $v_1 = \sqrt{2gh_1}$，

ab 棒下摆到最低点离开导轨瞬间的速度为 $v_1' = \sqrt{2gh_2}$，

当 ab 棒与导轨接触的一段时间内，安培力对 ab 棒有冲量作用，使棒的动量发生变化：$-BIL \cdot \Delta t = m_1v_1' - m_1v_1$，$-BL \cdot q = m_1v_1' - m_1v_1$。

据此可求出接触瞬间通过金属杆 ab 的电荷量。

任务3：利用法拉第电磁感应定律求解电量

问题情境1：如图7所示，中金属板 ab 顺时针旋转60°的过程中，通过电阻 R 的总电量为多少？

问题情境2：如图8所示，电阻 R 的两端再并联一个相同的电阻 R，求金属板 ab 顺时针旋转60°的过程中，通过电阻 R 的总电量。

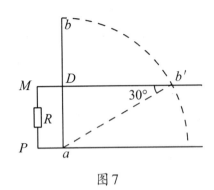

图7

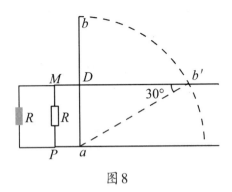

图8

问题和活动1：求解电量的公式推导。

电量表达式：$q = \bar{I}\Delta t$；

闭合电路欧姆定律：$I = \dfrac{E}{R+r}$；

法拉第电磁感应定律：$E = n\dfrac{\Delta\Phi}{\Delta t}$，式中求得的 E 亦为平均值；

综合上面三式，得 $q = \bar{I}\Delta t = \dfrac{E}{R+r}\Delta t = n\dfrac{\Delta\Phi}{(R+r)\Delta t}\Delta t = n\dfrac{\Delta\Phi}{(R+r)}$。

问题和活动2：运用规律并正确求解。

如图7所示，据 $q = n\dfrac{\Delta\Phi}{(R+r)} = \dfrac{B\Delta S}{R}$，式中 ΔS 等于 ab 所扫过的三角形 aDb' 的面积，$\Delta S = \dfrac{1}{2}L\cdot\sqrt{3}\,L = \dfrac{\sqrt{3}}{2}L^2$。

根据以上两式得 $q = \dfrac{\sqrt{3}\,BL^2}{2R}$。

如图8所示，根据并联电路电量分配原则：$q = \dfrac{\sqrt{3}\,BL^2}{4R}$。

问题情境3：如图9所示，匀强磁场方向垂直纸面向里，磁感应强度 $B = 0.4\,\text{T}$，OCA 导轨与 OA 直导轨分别在 O 点和 A 点接一阻值 $R_1 = 3.0\,\Omega$ 和 $R_2 = 6.0\,\Omega$ 几何尺寸可忽略的定值电阻，导轨 OCA 的曲线方程为 $y = 1.0\sin\left(\dfrac{\pi x}{3}\right)$ (m)。金属棒 ab 长 1.5 m，以速度 $v = 5.0\,\text{m/s}$ 水平向右匀速运动（b 点始终在 x 轴上）。设金属棒与导轨接触良好，摩擦不计，电路中除了电阻 R_1 和 R_2 外，其余电阻均不计，曲线 OCA 与 x 轴之间所围面积约为 1.9 m²，求金属棒在导轨上运动从 $x = 0$ 到 $x = 3$ m 的过程中通过金属棒 ab 的电量。

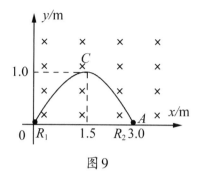

图9

问题和活动：用微元思想分析论证电量求解的公式。

解：将OA分成n份长度为Δx的小段，每一小段中金属棒的有效长度可认为是一定的，设为y_i（$i = 1$，2，3，$\cdots$，n）。由于金属棒向右匀速运动，设金属棒每通过Δx的位移所用的时间为Δt。

金属棒每通过Δx的位移，通过其电量的表达式：

$$q_i = \bar{I}_i \Delta t = \frac{By_i v}{R_{总}} \cdot \frac{\Delta x}{v} = \frac{By_i \Delta x}{R_{总}}。$$

其中$y_i \Delta x$为金属棒每通过Δx所扫过的有效面积，设为S_i，所以$q_i = \dfrac{B\Delta S_i}{R_{总}}$。

金属棒在导轨上从$x = 0$到$x = 3\,\mathrm{m}$的运动过程中通过金属棒ab的电量：

$$q = \sum_{i=1}^{n} q_i = \sum_{i=1}^{n} \frac{B\Delta S_i}{R_{总}} = \frac{BS}{R_{总}}。$$

式中S即为题目中曲线OCA与x轴之间所围的面积。

六 反思提炼

针对电磁感应中电量求解问题的基本解题思路如图10所示：

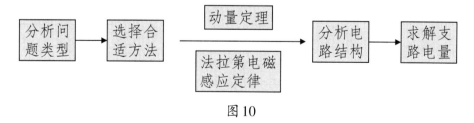

图10

学会动量定理和电量公式$q = n\dfrac{\Delta\varPhi}{R_{总}}$配合使用，是成功解决此类问题的关键。同时，学会分析电路结构，巧妙利用电量分配的基本原则，可以更准确地求解某一支路通过的电量。

七 针对练习

1. 如图 11 所示，两条平行的光滑金属导轨足够长，其水平部分存在着竖直向上的匀强磁场，磁感应强度 $B = 2\,T$。导轨间距离 $L = 0.5\,m$，顶端连接电阻 $R = 5\,\Omega$。现有一质量为 $m = 1\,kg$，电阻为 $r = 3\,\Omega$ 的金属棒水平横放在导轨上，距水平面高度 $h = 0.2\,m$ 处。现让金属棒由静止开始下滑（不计导轨电阻）。求：

（1）整个过程中电阻 R 上的热量。

（2）整个过程中通过电阻 R 的电量。

（3）整个过程中金属棒在匀强磁场中移动的位移。

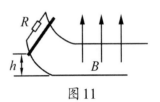

图 11

2. 如图 12 所示，两根足够长的光滑金属导轨竖直放置，相距为 L，电阻忽略不计。一阻值为 R 的定值电阻连接在两导轨间，匀强磁场垂直导轨平面向外，磁感应强度为 B。一质量为 m、电阻不计的金属棒 ab 横在导轨上，从静止开始下落，整个运动过程中与导轨接触良好，当下落距离为 h 时速度达到稳定。求金属棒下落距离 h 所需的时间。

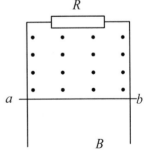

图 12

参考答案：1.（1）1.25 J　　（2）2 C　　（3）16 m　　2. $t = \dfrac{B^2L^2h}{mgR} + \dfrac{mR}{B^2L^2}$

光学中的透光区域问题

杭州市富阳区新登中学　何正海　张坤华

诊断题目

在水池底部水平放置三条细灯带构成的等腰直角三角形发光体，直角边的长度为 0.9 m，水的折射率 $n = \dfrac{4}{3}$，细灯带到水面的距离 $h = \dfrac{\sqrt{7}}{10}$ m，则有光射出的水面形状（用阴影表示）为（　　）。（要求画出光路图并写出解答分析过程）

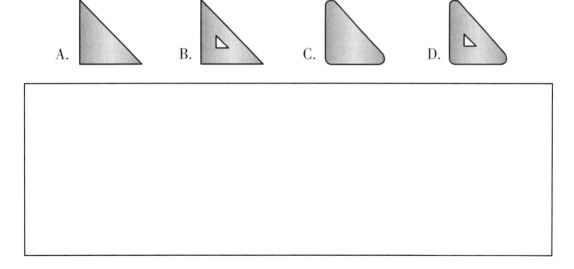

A.　　B.　　C.　　D.

参考答案

明确需要解决的问题，即三角形是圆角还是尖角以及中间是否有空隙。

具体问题的解决过程：

定性分析：三角形各顶点处点光源发出的光线在水面处形成的光斑是圆形的，所以排除 A、B 选项。

定量分析：点光源的光路图如图1所示。

由 $\sin C = \dfrac{1}{n} = \dfrac{3}{4}$，可得 $\tan C = \dfrac{3}{\sqrt{7}}$，

得 $r = h\tan C = \dfrac{\sqrt{7}}{10} \times \dfrac{3}{\sqrt{7}}\,\text{m} = 0.3\,\text{m}$。

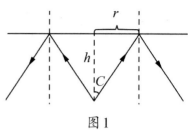

图1

则一个点发出的光在水面上能看到 $r = 0.3\,\text{m}$ 的圆。

如图2所示，等腰直角三角形发光体的内切圆半径 r' 满足 $r' = \dfrac{2a - \sqrt{2}\,a}{2}$，

解得 $r' = \dfrac{2a - \sqrt{2}\,a}{2} < \dfrac{a}{3} = r$，

故有光射出的水面中间无空缺，C选项正确。

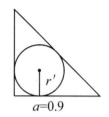

$a = 0.9$

图2

二 典型错误

（一）错误类型一
不画光路图。

（二）错误类型二

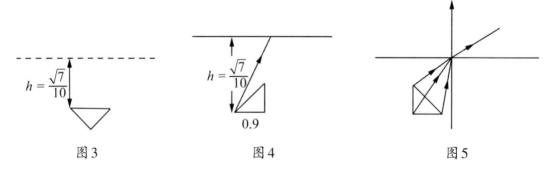

图3   图4   图5

该学生无法确定具体的研究对象和光线路径，画不好光路图（如图3、图4、图5所示）。

三 错误探析

与解答错误的同学谈话后，发现存在以下几种错因：①不知道折射率和 h 的作用；②不能重新定义一个清晰的问题（例如，边缘是圆角还是尖角）；③在面对光学对象复合体时，不能快速建立与单个点光源的关联；④不能熟练

构建解决问题的光路图（光路模型）。

> **师**：四个选项的主要区别在哪里？（确定问题方向）

> **生**：一个是圆角和尖角，另一个是中间是否有空隙。

> **师**：你怎么区分圆角和尖角的？（确定研究对象）

> **生**：看三角形顶点的光，照到水面会形成圆形光斑。

学生对以上两个问题的回答基本正确。

> **师**：你为什么认为水面中间有空隙？

> **生1**：点光源在水面圆斑半径r的2倍大于三角形高线。

> **生2**：半径r大于三角形等高线。

> **生3**：说不清楚，蒙的。

学生无法构建由线光源形成的光斑模型，也无法从光斑形状和三角形中推断出关键的数学关系。

综上所述，学生的问题在于无法将点光源的复合体与单一的点光源联系起来，并且不习惯用画图的方式构建光路图和光斑图。

四 素养目标

与会画光路图的同学进行进一步的交流，了解此类问题的突破点。

> **师**：请先画出三角形顶点光源在水面上形成的光斑，然后画出一条灯带在水面上形成的光斑形状，再画出其他两条灯带形成的光斑形状。（三个小问题，学生分步操作）

学生按照提示完成画图，根据图像解决问题。

综合错因分析和上述对话活动，设定解决光斑问题的教学目标如下：

1. 面对多个光学对象时，能运用渐变方法选择合适的研究对象，并建立光学复合体与单个点光源之间的联系。

2. 能够构建光路图，并结合光学相关规律进行分析，从而解决点光源和线光源形成的光斑问题。

五 纠正过程

任务1：构建水底点光源的光路

问题情境1：（界面为平面）在深 $h = \sqrt{7}$ m 的游泳池底部有一点光源 S，已知水的折射率为 $n = \frac{4}{3}$，$\sqrt{161} = 12.69$，π 取 3.14。

问题和活动1：从点光源发射的所有光线是否都能从水面射出？为什么？

问题和活动2：画出与竖直方向夹角不同的三条光线光路图。

问题和活动3：在水面上设置一个挡板，挡板的最小面积多大才能全部挡住光线？

问题和活动4：若挡光板恰好能全部挡住射出的光线，之后水面下降，是否会有光线射出？

问题和活动5：若挡光板恰好能全部挡住射出的光线（光源是红色的），如将光源变成绿色，是否会有光线射出？

问题情境2：（界面为圆柱面）亚克力是用于彩灯、灯饰、灯具等制作的透明有机玻璃材料。有一段折射率 $n = 1.25$ 的圆柱体形的亚克力棒，截面半径为 $R = 3$ cm，高为 $H = 8$ cm，竖直放在水平桌面上，在其底面圆心处放一点光源，π 取 3.14。

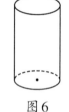

图6

问题和活动1：画出至少三条到达侧面的光线的可能光路图。侧面最边缘的出射点连线是什么形状？

问题和活动2：计算亚克力棒侧面有光出射的面积。

学生活动：

图7

任务2：分析线、面光源的光斑问题

问题情境：为保证泳池夜间的安全，需要在泳池铺设池底灯以提供光照。在足够大的泳池中央有一个池底灯，灯面与池底齐平。已知水的折射率为 n，水深为h，且水面平静。

问题和活动1：若池底光源为点光源，则在水面透光的光斑是什么形状？当水深为h时，水面上形成的光斑面积为S。

问题和活动2：若水深增大，则在水面上形成的光斑面积如何变化？试画出相应的光路图并简要说明（不要求计算）。

问题和活动3：若光源为一长为l的线光源，则水面形成的光斑是什么形状？

问题和活动4：若光源为某种单色光的正方形线光源$ABCD$，其边长L，则水面形成的光斑为什么形状？

学生活动：

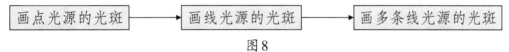

图8

学生思维经历：建立点光源和线光源、面光源的联系。

问题和活动5：

思考（1）：点光源和线光源有什么关系？线光源和正方形光源有什么关系？

思考（2）：如果遇到一个复合光源（面光源），你会如何处理？

思考（3）：如果遇到其他类型的多个对象的复合体（例如粒子源是由多个粒子组成的复合体），你会如何处理？

六 反思提炼

光斑类问题的研究对象是光线，首要的任务就是找到能解决问题的合适光线。当研究对象是许多光线的集合体时，可以通过逐条渐变的方法找到研究光线。在进行定量分析时，需要构建确定的光路图，利用光学规律和几何关系建立方程来解决问题。从物理思维的层面看，当面对多个对象的复合体问题时，可以通过将复合体切割成单个对象对其进行逐个研究分析，建立复合体和单个对象之间的关联，寻找问题解决的突破口。求解光学中的透光区域问题的思维流程如图9所示：

图9

七 针对练习

1. 如图 10 所示，水面下方有一固定的线状单色光源 S，光源倾斜放置，和竖直方向夹角满足 $30° < \theta < 60°$，水对该光的折射率为 1.33。光源发出的光到达水面后有一部分可以直接透射出去，从水面上方看，该区域的形状可能为（　　）。

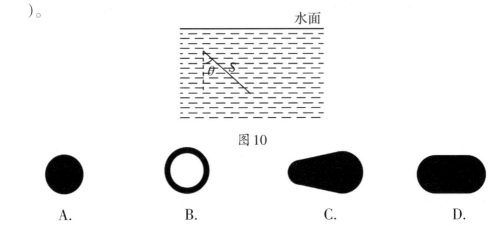

图 10

A.　　　　B.　　　　C.　　　　D.

2. 用某透明材料制作的半球形光学元件如图 11 所示，平行单色光垂直射到半径为 R 的半球底平面上。材料对该单色光的折射率 $n = \dfrac{5}{3}$，半球的上方平行于半球底平面放置一足够大的光屏，单色光经半球折射后在光屏上可形成一个圆形光斑。不考虑光的干涉、衍射及在半球内的多次反射，折射光线可视为近轴光线（所有光线可会聚于轴上同一点），真空中光速为 c。求：

（1）当光屏上的光斑最小时，圆心 O 到光屏的距离。

（2）圆心 O 到光屏的距离 $d = \dfrac{5}{2}R$ 时，光屏被照亮的面积及单色光从 O 点到达光屏的时间。

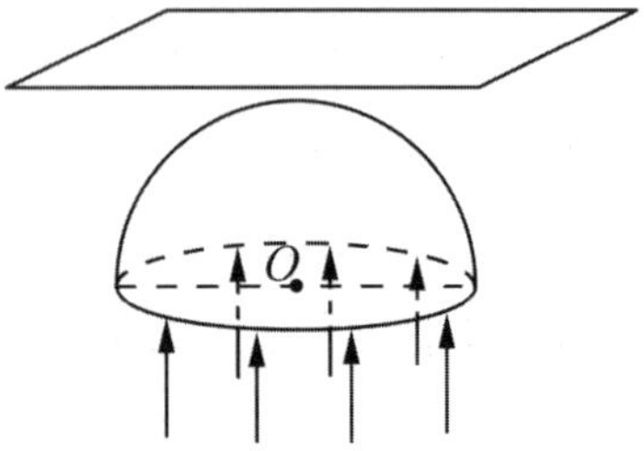

图 11

参考答案： 1. AC　　2.（1）$\dfrac{4}{5}R$　　（2）$5.1\pi R^2$　　$\dfrac{19R}{6c}$

液柱封闭的单气体压强计算问题

浙江省富阳中学　琚玲

诊断题目

　　如图1所示，左端封闭、右端开口、内径相同的U形细玻璃管竖直放置，左管中封闭有长 $L = 20\ \text{cm}$ 的空气柱，初始两管水银面相平，下方水银柱足够长。已知大气压强 $p_0 = 75\ \text{cmHg}$，初始时封闭气体的热力学温度 $T_1 = 300\ \text{K}$。现将下端阀门S打开，缓慢流出部分水银，然后关闭阀门S，发现左管水银面下降的高度为 $\Delta h_1 = 5\ \text{cm}$。

　　（1）求放出的水银对应的水银柱长度。

　　（2）关闭阀门S后，若缓慢升高左管内封闭气体的温度，使左管的水银面再下降5 cm，求此时左管内气体的热力学温度 T_2。

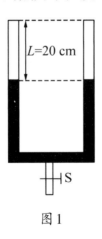

图1

⊝ **参考答案**

解：（1）设放出水银后封闭气体压强为 p_1，由查理定律得 $p_0 LS = p_1(L + \Delta h_1) S$，

代入数据解得 $p_1 = 60\,cmHg$，

则 $\Delta p = p_0 - p_1 = 15\,cmHg$。

此时左右液面高度差为 $15\,cmHg$，如图2所示。左管液面下降 $5\,cm$，右管液面下降 $20\,cm$，即放出的水银柱长度为 $25\,cm$。

（2）关闭阀门后，管中水银总体积不变。当左管水银面下降 $5\,cm$ 时，右管水银面上升 $5\,cm$，此时左右液面高度差为 $5\,cm$。

因此，稳定后左管气体压强 $p_2 = 70\,cmHg$，

对应空气柱长度为 $L_2 = 30\,cm$，

由理想气体状态方程得 $\dfrac{p_1(L + \Delta h_1) S}{T_1} = \dfrac{p_2 L_2 S}{T_2}$，

代入数据解得 $T_2 = 420\,K$。

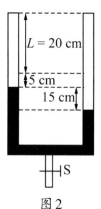

图2

⊜ **典型错误**

（一）错误类型一

解：（1）气体经历等温变化，由查理定律得

$\quad p_0 SL = p_1 S(L + \Delta h_1)$，

解得 $p_1 = 60\,cmHg$，

因此 h = 5 cm + 15 cm = 20 cm。

> 没有画图分析左右液面的高度变化。

（二）错误类型二

解：（2）由理想气体状态方程得 $\dfrac{V_1}{T_1} = \dfrac{V_2}{T_2}$，

> 错误地认为气体作等压变化。

即 $\dfrac{S(L + \Delta h_1)}{T_1} = \dfrac{S(L + 2\Delta h_1)}{T_2}$，

解得 $T_2 = 360\,K$。

三 错误探析

（一）错误类型一访谈

师：计算出气体的压强为 60 cmHg，你可以获得什么信息？

生：这说明气体压强比大气压小 15 cmHg，两液面的高度差为 15 cm。

师：如何计算放出的水银柱长度？

生：需要分析两液面高度的变化。

师：如何分析高度的变化？

生：画出末状态两液面的位置，比较高度的变化。

该学生虽然能计算出气体的压强，但没有画出末状态液面的位置图，仅凭直觉得出结论。

（二）错误类型二访谈

师：升温后，封闭气体的压强为什么不变？

生：我没有分析气体压强的情况，感觉好像是等压变化过程。

师：那么请你分析升温后气体的压强情况。尝试将升温后题中所给的信息标在图中。

生：（在之前的状态图上重新画出升温后左侧液面的情况）因为这段水银柱的总长度没变，所以左侧液面降低 5 cm，则右侧液面升高 5 cm，此时两液面的高度差应为 5 cm，所以封闭气体的压强应为 70 cmHg，压强变了！

该学生未能有效提取封闭液柱体积不变的信息，因此无法通过液柱体积不变这一信息分析两液面的高度差，并且缺乏通过作图来辅助分析物理变化过程的意识。

四 素养目标

与求解正确的同学交谈，了解他们是如何准确计算放出的水银柱长度，并正确分析气体的状态变化的。

师：很多同学认为放出的水银柱长度为 20 cm，你是如何分析的？

生：开始我也这么认为，但左边的液柱也下降了一段距离。

师： 那你是如何处理的呢？

生： 我计算出了左右液面的高度差，但我不确定这段长度是否就是放出的水银柱长度。于是我画出了左右液面的位置，发现左边液面下降了 5 cm，而右边液面比左边液面低 15 cm，右边液面应该下降了 20 cm。因此，放出的水银柱总长度应该是左右液面下降的总高度。

师： 有同学认为在第（2）问中气体经历了等压变化过程，你是怎么分析的？

生： 受到上一问的启发，我画出了温度升高后左右液面的位置，顺利求出了气体的压强。

总结正确解答同学的分析和解题过程可以看出，在计算出气体的压强后，该类学生并不急于直接给出结果，而是根据计算的结果分析了液柱稳定时的状态，并在图中画出了液面高度的变化情况。作图分析可以更直观准确地展示液柱总长度的变化。

根据出错同学的素养水平确定教学起点，以求解正确同学的素养构成为蓝本，明确出错同学已有的素养水平和素养目标间的差距，设定本节内容的素养目标如下：

1. 能够选取合适的研究对象，并计算液柱中封闭气体的压强。
2. 能够计算水银柱增减或移动后的气体压强。
3. 能够分析实际情境中的临界状态，并求出临界状态下的气体压强。

五 纠正过程

任务1： 计算液柱中封闭气体的压强

问题情境：已知大气压强为 p_0，在图3中各装置均处于静止状态，图中液体密度均为 ρ。（图中所标长度均为已知量）

问题和活动：计算图3所示各情境中被封闭气体的压强。

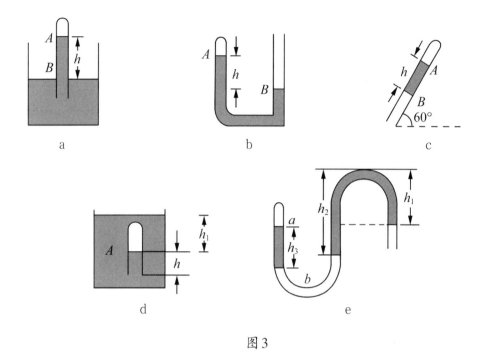

图3

任务2：计算水银柱增减或移动后的气体压强

问题情境：如图4所示，粗细均匀的U形玻璃管竖直放置，右管上端封闭，左管上端开口且足够长。管内一段水银柱在右管内封闭了一段气柱A，稳定时左、右两管中水银液面相平，气柱A长12 cm。现在左管中沿内壁缓慢倒入水银，再次稳定后气柱A长9 cm，管内气体温度不变，左管足够长，大气压强为75 cmHg。

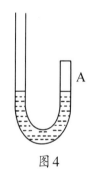

图4

问题和活动1：倒入水银后，管中气体的压强是多少？

（选择合适的液柱，求出气体的压强）

问题和活动2：画出倒入水银后水银的状态图。

（根据气体的状态求出气体的压强并判断左右液面的位置）

问题和活动3：求左管中倒入水银柱的长度。

（利用画好的液面图分析水银柱长度的变化，意识到作图的重要性）

任务3： 计算临界情况下的气体压强

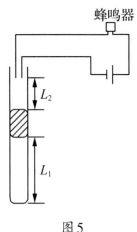

问题情境：某简易温度报警装置的示意图如图5所示，其原理如下：导热性能良好的竖直细管中用水银封闭了一定质量的理想气体。当温度升高时，水银柱上升，使电路导通，蜂鸣器发出报警声。27 ℃时，空气柱的长度$L_1 = 20$ cm，水银柱上表面与导线下端的距离$L_2 = 5$ cm，水银柱高度$h = 2$ cm。使用该温度报警装置测量沸腾的某种液体时恰好报警。该液体沸点与大气压强的关系如下表所示：

图5

沸点/℃	98	99	100	101	102
压强/cmHg	74	75	76	77	78

问题和活动1：计算当地的大气压强p_0。

（通过理想气体状态方程求出气体的压强）

问题和活动2：若取出1 cm水银柱，分析该装置报警时的热力学温度T_3。

（对报警时的临界状态作图分析）

六 反思提炼

巧妙设计一系列问题，引导学生分析某段液柱的受力情况，从而求解被封闭气体的压强，再通过对比初末状态的压强差分析液柱高度的变化。这一过程旨在培养学生利用作图来辅助分析物理变化过程的意识。

解决液柱封闭的单气体压强问题的一般流程如图6所示：

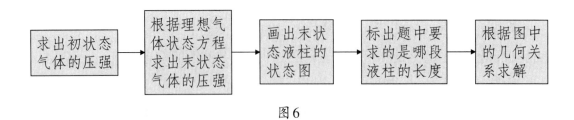

图6

1. 一U形玻璃管竖直放置，左端开口且足够长，右端封闭，玻璃管导热良好。用水银封闭一段空气（可视为理想气体），在右管中，初始时，管内水银柱及空气柱长度如图7所示，环境温度为27 ℃。已知玻璃管的横截面积处处相同，大气压强$p_0 = 76.0$ cmHg。

（1）若升高环境温度直至两管水银液面相平，求环境的最终温度。

（2）若环境温度为27 ℃不变，在左管内加注水银直至右管水银液面上升0.8 cm，求应向左管中加注水银的长度。

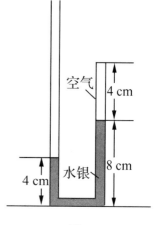

图7

2. 如图8所示，竖直放置、导热性能良好的U形玻璃管截面均匀，左端开口、右端封闭。左右管内分别用长度为$h_1 = 5$ cm、$h_2 = 10$ cm 的水银柱封闭两段理想气体a、b。气体a的长度$L_a = 15$ cm，气体b的长度$L_b = 20$ cm。最初环境温度$T_1 = 300$ K时，两水银柱的下表面齐平。现缓慢升高环境温度，直至两段水银柱的上表面齐平。

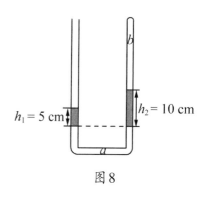

图8

已知大气压强为75 cmHg，右侧水银柱未进入U形玻璃管的水平部分，两段气体均可视为理想气体。求：

（1）两段水银柱的下表面齐平时气体b的压强。

（2）两段水银柱的上表面齐平时环境的温度T_2。

参考答案：1. （1）202 ℃ （2）19.6 cm 2. （1）70 cmHg （2）327.3 K

实际情境中压强的作用面积问题

杭州市富阳区江南中学　洪世东

诊断题目

如图 1 所示，a、b 是某一强力吸盘挂钩，其结构原理如图 1c、图 1d 所示。使用时，按住锁扣把吸盘紧压在墙上（如图 1a 和图 1c），空腔内气体压强仍与外界大气压强相等。然后再扳下锁扣（如图 1a 和图 1d），让锁扣通过细杆把吸盘向外拉起，空腔体积增大，从而使吸盘紧紧吸在墙上。已知吸盘挂钩的质量 $m = 0.02\,\text{kg}$，外界大气压强 $p_0 = 1 \times 10^5\,\text{Pa}$，图 1c 空腔体积为 $V_0 = 1.5\,\text{cm}^3$，图 1d 空腔体积为 $V_1 = 2.0\,\text{cm}^3$，如图 1e，空腔与墙面的正对面积为 $S_1 = 8\,\text{cm}^2$，吸盘与墙面接触的圆环面积 $S_2 = 8\,\text{cm}^2$。吸盘与墙面间的动摩擦因数 $\mu = 0.5$，最大静摩擦力可视为等于滑动摩擦力。吸盘空腔内气体可视为理想气体，忽略操作时温度的变化，全过程盘盖和吸盘之间的空隙始终与外界连通。

（1）扳下锁扣过程中空腔内气体吸热还是放热？

（2）求扳下锁扣后空腔内气体的压强 p_1。

（3）若挂钩挂上重物时恰好不脱落，求此时所挂重物的质量 M 的大小。

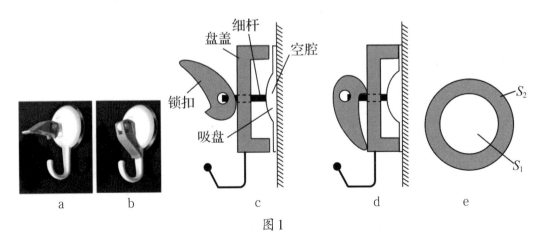

图 1

一 参考答案

解：（1）整个过程中，温度不变，空腔内气体的内能不变。扳下锁扣的过程中，外力对空腔内气体做负功。根据热力学第一定律，空腔内气体吸热。

（2）根据玻意耳定律可得 $p_0V_0 = p_1V_1$，

代入数据解得 $p_1 = 7.5 \times 10^4\,\text{Pa}$。

（3）若挂钩挂上重物时恰好不脱落，

对挂钩进行受力分析可得 $(m + M)g = \mu F_N$，

挂钩对墙面的压力 $F_N = p_0 S_2 + (p_0 - p_1) S_1$，

联立代入数据得 $M = 4.98\,\text{kg}$。

二 典型错误

（一）错误类型一

解：（3）受力分析得 $F_f = \mu F_N = (M + m)g$，$(p_0 - p_1)(S_1 + S_2) = F_N$，

解得 $M = 0.73\,\text{kg}$。

> 以为腔内气体对 S_2 也有压强作用。

（二）错误类型二

解：（3）受力分析得 $F_{\text{大}} = (p_0 - p_1)S_1 = 20\,\text{N}$，$F_f = \mu F_N = \mu F_{\text{大}} = 10\,\text{N}$，

由受力平衡得 $(M + m)g = F_f = 10\,\text{N}$，

解得 $M = 0.98\,\text{kg}$。

> 计算外界大气压强作用时漏考虑了 S_2。

三 错误探析

（一）错误类型一访谈

师： 你是怎样计算重物质量 M 的？

生： 挂钩挂上重物恰好不脱落的条件是总重力刚好等于滑动摩擦力。只要算出挂钩与墙壁之间的正压力，就能求出滑动摩擦力的大小，从而求得 M。

师： 如何计算正压力的大小呢？

生： 在水平方向上，吸盘挂钩所受的大气压力、腔内气体压力和正压力三

力平衡。

师：你为什么认为腔内气体对S_2也有压力作用呢？

生：因为在题目给出的图中，空腔与周围部分相连。

（二）错误类型二访谈

师：你为什么认为大气对S_2没有压力作用呢？

生：紧扣了以后，图上显示S_2与盘盖紧密接触，我以为S_2就是接触的部分。

师：你关注题目中"全过程盘盖和吸盘之间的空隙始终与外界连通"这句话了吗？

生：我开始注意到了，后来忘记了。

在解答过程中，学生容易在对吸盘挂钩进行受力分析时出错。第一位同学没有将图示情况与真实的情境正确地关联起来，第二位同学没有考虑到盘盖和吸盘之间的空隙所受到的大气压力。

（四）**素养目标**

与求解正确的同学交谈，了解他们对压强作用面积的分析的思维过程。

师：在计算压强时，你是如何考虑有效作用面积的呢？

生：我首先对吸盘挂钩进行受力分析，特别是大气压力的分析。从内、外两部分展开分析：根据题干的表述，外部始终与大气相连，所以整个外表面都受到大气压强的作用；内部S_2部分始终与墙壁紧贴，无空气存在，故内部的气体作用面积只存在于S_1。

根据出错同学的素养水平确定教学起点，以正确同学的素养构成为蓝本，明确出错同学已有的素养水平和素养目标间的差距，设定本节内容的素养目标如下：

1. 建立受力分析的意识，能够分析物体的各个表面。

2. 通过认真审题分析，能够明确存在受到大气压强作用的表面，并确定有效作用面积。

五 纠正过程

任务1：分析单物体的压强

问题情境：气压式升降椅通过汽缸上下运动来控制椅子的升降，其简易结构如图2所示。圆柱形汽缸与椅面固定连接，其总质量为 $m = 5\,\text{kg}$。横截面积为 $S = 20\,\text{cm}^2$ 的柱状气动杆与底座固定连接。可自由移动的汽缸与气动杆之间封闭一定质量的理想气体，稳定后测得封闭气体柱的长度为 $L = 20\,\text{cm}$。假设汽缸的气密性和导热性能良好，不计摩擦，已知大气压强为 $p_0 = 1.0 \times 10^5\,\text{Pa}$，室内温度 $T_0 = 300\,\text{K}$，取 $g = 10\,\text{m/s}^2$。若质量为 $M = 75\,\text{kg}$ 的人盘坐在椅面上，室内温度保持不变。求：

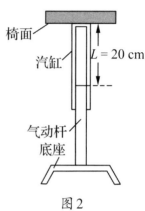

图2

（1）人在未坐之前，汽缸内的压强大小。

（2）人在椅子上坐稳后，椅面下降的高度。

（3）稳定后，室内气温缓慢升高至 $T_1 = 303\,\text{K}$，此过程中封闭气体吸收热量 3 J，求封闭气体内能的变化量。

问题和活动1：确定问题（1）的研究对象，画出受力分析图，列出相关方程。

问题和活动2：画出人坐稳后的受力分析图，列出相关方程，并指出变化的物理量。

问题和活动3：分析室内气温缓慢升高的过程中，气体发生的变化及外界对气体做功的正负，并列式求解。

任务2：分析多物体的压强

问题情境：如图3所示，两端开口、导热性良好的汽缸水平固定。A、B是两个厚度不计的活塞，横截面积分别为 $S_1 = 40\,\text{cm}^2$、$S_2 = 10\,\text{cm}^2$，它们之间用一根刚性细杆连接，B通过水平细绳绕过光滑的定滑轮与质量 $M = 6\,\text{kg}$ 的吊篮连接，汽缸两部分的气柱长度均为 L。已知大气压强 $p_0 = 1.0 \times 10^5\,\text{Pa}$，取 $g = 10\,\text{m/s}^2$，缸内空气可看成理想气体，外界温度不变，不计一切摩擦。在吊篮里逐渐放入重物，活塞A将缓慢向右移动，当活塞A刚靠近D处而处于平衡状态时，求此时吊篮里重物的质量。

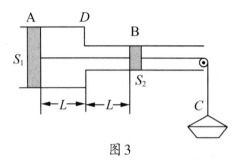

图3

问题和活动1：若要求初始状态下缸内气体压强，应如何选择研究对象？请画出受力分析图，并列式求解。

问题和活动2：思考活塞A在缓慢向右移动过程中，缸内气体在发生什么变化？请列式求解末状态气体压强。

问题和活动3：如何理解题干中"当活塞A刚靠近D处而处于平衡状态时"这句话？请进行受力分析，并列式求解吊篮里重物的质量。

六 反思提炼

实际情境中压强的作用面积问题的解题思路如图4所示：

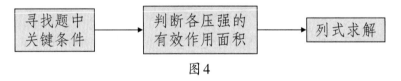

图4

七 针对练习

1. 如图5甲所示，一导热性能良好、内壁光滑的汽缸水平放置，横截面积 $S = 1.0 \times 10^{-3}\ \mathrm{m^2}$、质量 $m = 2\ \mathrm{kg}$、厚度不计的活塞与汽缸底部之间封闭了一部分理想气体，此时活塞与汽缸底部之间的距离 $l = 36\ \mathrm{cm}$。在活塞的右侧，距离其 $d = 14\ \mathrm{cm}$ 处有一对与汽缸固定连接的卡环，两卡环的横截面积和为 $S' = 2.0 \times 10^{-4}\ \mathrm{m^2}$。气体的温度 $t = 27\ ℃$，外界大气压强 $p_0 = 1.0 \times 10^5\ \mathrm{Pa}$。现将汽缸开口向下竖直放置，如图5乙所示（$g$ 取 $10\ \mathrm{m/s^2}$），求：

（1）此时活塞与汽缸底部之间的距离 h。

（2）当缸内气体加热到 500 K 时，两卡环受到的压力大小（假定活塞与卡环能紧密接触）。

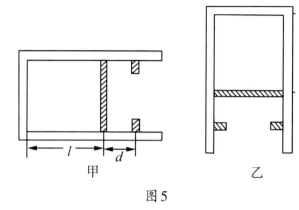

图 5

2. 如图 6 甲所示，上端封闭、下端开口且粗细均匀的玻璃管长度 $L = 570$ mm，将其从水银面上方竖直向下缓慢插入水银中。发现管内水银面与管壁接触的位置向下弯曲，致使玻璃管内水银面形成凸液面，如图 6 乙所示。当玻璃管恰好全部插入水银时，管内、外水银面的高度差为 h，

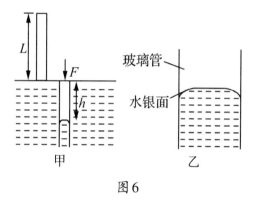

图 6

此时作用于管的竖直向下的压力大小为 F。已知大气压强 $p_0 = 760$ mmHg $\approx 1.0 \times 10^5$ Pa，玻璃管横截面积为 $S = 1.0$ cm^2，玻璃管质量 $m = 0.4$ kg，环境温度为常温且恒定。（g 取 10 m/s^2）

（1）图 6 乙所示水银面说明水银能否浸润玻璃？插入过程中，管内气体吸热还是放热？

（2）求高度差 h。

（3）求撤去压力 F 的瞬间，玻璃管的加速度大小。

参考答案：

1.（1）0.45 m　（2）60 N

2.（1）水银不浸润玻璃　放热　（2）380 mm　（3）2.5 m/s^2

热力学中变力做功问题

杭州市富阳区第二中学　顾厚根

诊断题目

为了方便监控高温锅炉外壁的温度变化，可以在锅炉的外壁上镶嵌一个导热性能良好的汽缸。汽缸内封闭气体温度与锅炉外壁温度相等。如图1所示，汽缸右壁的压力传感器通过轻弹簧与活塞连接，活塞左侧封闭气体可以看作理想气体。已知大气压强为p_0，活塞的横截面积为S，不计活塞的质量和厚度及其与汽缸的摩擦。当锅炉外壁温度为T_0时，活塞与汽缸左壁的间距为L，传感器的示数为0。温度缓慢升高到某一值时，传感器的示数为p_0S。若弹簧的劲度系数为$\dfrac{p_0S}{L}$，求：

（1）此时锅炉外壁的温度。

（2）若已知该过程汽缸内气体吸收的热量为Q，求气体内能增加量。

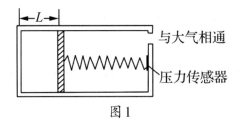

图1

参考答案

解：（1）受力分析如图2所示，传感器的示数为p_0S时，

封闭气体的压强为$p = p_0 + \dfrac{F}{S} = 2p_0$，

活塞向右移动的距离为$x = \dfrac{F}{k} = L$，

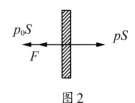

图2

由理想气体状态方程可得 $\dfrac{p_0 LS}{T_0} = \dfrac{p(L+x)S}{T}$,

解得 $T = 4T_0$。

（2）该过程气体对外界做功 $W_0 = \overline{F}\,L = \dfrac{p_0 S + 2p_0 S}{2} L = \dfrac{3p_0 SL}{2}$,

根据热力学第一定律可得 $\Delta U = Q + W$,

解得 $\Delta U = Q - \dfrac{3p_0 SL}{2}$。

二 典型错误

（一）错误类型一

解：（2）$W = p_0 \Delta V = p_0 LS$,

$\Delta U = W + Q = Q - p_0 LS$,

所以内能增加 $Q - p_0 LS$。

> 认为温度上升过程中压强没有发生变化。

（二）错误类型二

解：（2）$\Delta U = -\overline{p}SL + Q = -3p_0 SL + Q$,

所以内能增加 $-3p_0 SL + Q$。

> 压强未取平均值。

（三）错误类型三

解：（2）

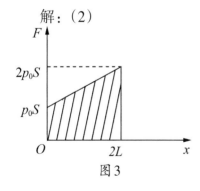

图3

如图3所示，W 为阴影区域面积，

$W = 2p_0 S \cdot 2L - p_0 S \cdot 2L \cdot \dfrac{1}{2}$,

$W = 3p_0 SL$,

$\Delta U = Q - 3p_0 SL$。

> 利用图像法求解气体膨胀对外做功,活塞向右移动距离判断错误。

三 错误探析

（一）错误类型一访谈

师：你们为什么认为气体被加热后升温膨胀过程中压强不变？

生1：我只考虑了体积的变化，忽略了压强的变化。

师：你们两位能谈谈自己出错的原因吗？

生2：我是根据以往的解题经验，体积和温度都改变了，习惯性认为是等压变化，认为前后的气体压强都是p_0。

生3：我没有考虑到气体膨胀对活塞的作用力是一个变力。

分析问题时，部分学生只注意到气体膨胀过程中体积变化的表象，而忽略了压强变化的本质。这反映了他们思维深度不够，缺乏对物理变化过程的准确分析。

（二）错误类型二访谈

师：我看你的解题过程考虑到了压强和压力的变化，但在代入计算时出错了，这是怎么回事呢？

生4：我在计算做功时，$W = pV$这个公式中，p应该用压强的平均值，但我用压强变化量Δp代入了，因此出现了错误。

该学生在分析该题过程中，虽然注意到压强在增加，但在具体计算时却顾此失彼。显然，该生在进行受力分析时做得不到位，解题时只会生搬硬套公式。

（三）错误类型三访谈

师：你采用图像法的解题思路很好，很可惜最后出错了。你能谈谈做这道题时的想法吗？

生5：我在解第（2）小题时，考虑到求变力做功用$W = Fx$，尝试作图求解。但在作图过程中出现了错误，将气体的总长度$2L$当作气体做功的长度L来计算，因此算错了。

该学生尝试利用图像法解决该题，但他们错误地理解了利用面积法求变力做功的方法，在列物理表达式时出现错误。这暴露出部分学生在使用图像法求解此类问题时存在能力欠缺，在具体运用时不知道如何进行调整。

四 素养目标

与正确求解的同学进行交谈，了解他们在判断压强是否恒定及布列方程时的思维过程。

师：在加热过程中，气体压强是否变化？你是怎样判断的？

生6：锅炉内温度升高，且传感器示数从 0 增加到 p_0S，这一过程中气体压强是肯定增大的。

生7：由于活塞是慢慢向左移动，活塞受力处于动态平衡，但弹簧弹力一直在变大，汽缸内的气体压力一定变大。

师：大家都知道了汽缸内气体压强在变化，压力是变力。你们可以具体谈谈自己做第（2）小题的解题过程与思路吗？

生8：因为气体对外做功，所以做负功。虽然压力是变化的，但大小随着移动距离呈线性关系，可以用压力平均值计算做功大小，再由热力学第一定律得到 Q。

生9：由能量守恒定律，气体对外做功等于弹性势能与外界气压做功之和，计算得出 ΔU。

生6：由 $\Delta U = Q + W$，且 Q 已知，所以先求 W。

生7：由热力学第一定律，已知 Q，则求出 W。W 就是气体对外做的功，可以由 $W = Fs$ 求出。

生9：根据热力学第一定律，已知吸收热量 Q，气体对外做功，有弹力和大气压力参与，且 $W < 0$，所以 $\Delta U = Q + W$。

生10：因为此过程压强在变化，所以利用图像求气体做功，再利用 $\Delta U = Q + W$，求出 ΔU。

根据访谈结果，可以看出这部分学生没有将压力的大小变化视为解决此题的重点和难点，反而着重强调了运用热力学第一定律来解题。由此可知，优秀的学生已经熟练掌握了变力做功的一般方法。

根据出错同学的素养水平确定教学起点，以正解同学的素养构成为蓝本，明确出错同学已有的素养水平和素养目标间的差距，设定本节内容的素养目标如下：

1. 在气体做功问题中，能够基于功能关系，知道做功会引起气体内能的变化。

2. 通过对物体进行受力分析，能够认识到热力学变力做功问题中气体压强的变化情况，并运用合理的关系式将这一内在联系呈现出来。

3. 知道气体的内能变化与气体做功和吸热或放热有关，会使用平均值法、图像法或能量守恒观点解决变力做功问题。

五 纠正过程

任务1：进行规范受力分析

问题情境：如图4甲所示为办公座椅，为了增加其舒适性，经常采用充气装置减小缓冲力。图4乙为某种充气式缓冲座椅的简化模型图，导热良好的汽缸B通过活塞A和座椅相连接，汽缸的横截面积 $S = 5 \, \text{cm}^2$，缸内有一根轻弹簧，劲度系数为 $k = 1.65 \times 10^4 \, \text{N/m}$，活塞和座椅部分总质量为 $m = 2 \, \text{kg}$。当座椅静置在水平面上时，封闭气体长度为 $L = 9 \, \text{cm}$，弹簧恰好处于原长状态。已知外界大气压强 $p_0 = 1.0 \times 10^5 \, \text{Pa}$ 不变，外界恒温，重力加速度 g 取 $10 \, \text{m/s}^2$，忽略活塞和汽缸壁之间的摩擦。一人的质量为 $60 \, \text{kg}$，盘腿坐在座椅上后稳定。试对人坐上椅子的前后，汽缸B的压强变化作出分析。

图4

问题和活动1：明确初状态和末状态的研究对象。

问题和活动2：分别对初状态和末状态研究对象进行受力分析，并画出受力图，如图5和图6所示。

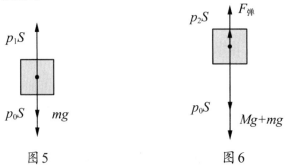

图5   图6

问题和活动3：检查受力分析是否准确，尝试列出动力学方程。

（思维流程：区分研究对象→受力分析→列方程）

任务2：识别变力做功模型

问题情境：在图4的情境中，试求出在下降过程中，活塞A对汽缸内气体所做的功。

问题和活动1：根据任务1的受力分析及列出的方程式，利用半定量方法判断汽缸B内气体压强的变化。

问题和活动2：确定变力做功的特征，再依据热力学定律列出相应的方程式。

问题和活动3：针对变力做功的特点，利用平均值法进行求解，再依据热力学第一定律，计算活塞A对汽缸内气体所做的功。

（思维流程：判断气压变化特点→确认问题属性→列方程求解）

任务3：尝试多种解法，优化解题思路

问题情境1：在图4情境中，除了使用平均值法求解外，还有其他办法吗？试利用图像法和能量守恒等方法求出活塞A下降过程中对汽缸内气体做的功。

问题和活动1：对学生进行分组，分别用图像法和能量守恒等途径解决本题。

问题和活动2：进行小组交流与讨论，比较平均值法、图像法和能量守恒法解决本题过程中的优点与局限，寻找适合解题者素养水平的最优解法。

（思维流程：尝试多种解法→分析比较→确定最优解法）

问题情境2：一圆柱形汽缸水平固定，开口向右，底部导热，其他部分绝热，横截面积为S。汽缸内的两绝热隔板a、b将汽缸分成Ⅰ、Ⅱ两室，隔板可在汽缸内无摩擦地移动。b的右侧与水平弹簧相连，初始时弹簧处于拉伸状态，两室内均封闭有体积为V_0、温度为T_0的理想气体。现用电热丝对Ⅱ室缓慢加热，稳定后b隔板向右移动了$\dfrac{4V_0}{3S}$。已知大气压强为p_0，环境温度为T_0，加热前、后弹簧的弹力大小均为$\dfrac{p_0 S}{2}$。

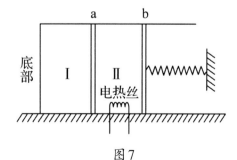

图7

问题和活动1：明确研究对象，在电热丝加热前后对b板水平方向受力进行分析，如图8和图9所示。

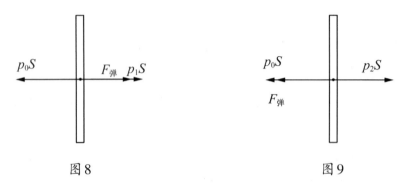

图8　　　　　　　　　　　　图9

问题和活动2：通过比较b板前后的受力特点，判断出Ⅱ室中气压的变化情况及其与b板位移的数量关系。

问题和活动3：选择合适的方法求Ⅱ室中的理想气体对b板所做的功。

六 反思提炼

解决热力学中变力做功问题的关键在于：仔细审题，选好研究对象，分清初末状态；规范受力分析，识别是否属于变力做功模型；再依据具体情境和解题者自身的素养水平选取最佳的方法进行解答，并尝试采用多种方法求解。具体流程如图10所示：

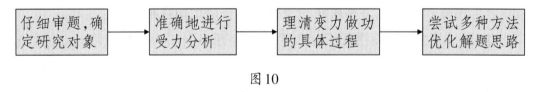

图10

七 针对练习

1. 一定质量的理想气体从状态A开始，经历A、B、C三个状态变化，其压强p与体积V的关系图像如图11所示。已知状态A的温度为T_0，求：

（1）A到B过程中，气体对外界做的功W。

（2）A到B过程中，气体从外界吸收的热量Q。

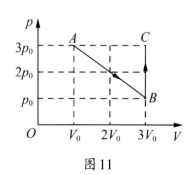

图11

2. 如图12所示，某兴趣小组设计并制作了一个由汽缸、活塞柱、弹簧和上下支座构成的汽车减震装置模型。该模型的上支座与活塞柱的质量、活塞柱与汽缸之间的摩擦均可忽略不计，汽缸壁厚度不计，汽缸导热性和气密性良好。该模型竖直放置在支座上，不加压力时，弹簧处于原长，活塞柱底端距离汽缸底部为 $h_1 = 20\,cm$，活塞柱横截面积 $S = 10\,cm^2$，汽缸内气体压强与外界大气压强均为 $p_0 = 1.0 \times 10^5\,Pa$，弹簧劲度系数 $k = 9.0 \times 10^3\,N/m$，重力加速度 $g = 10\,m/s^2$。现假设在上支座上放置质量为 $m = 100\,kg$ 的重物。求：从将重物放置到上支座上到装置稳定的过程中，活塞柱对封闭气体做的功。

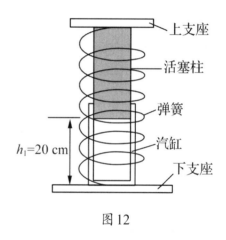

图12

利用等效法解决气体的"变质量问题"

杭州市富阳区场口中学　潘向阳

诊断题目

拔火罐是中医常用的治疗方法，其原理是利用拔火罐内部和外部形成的气压差，使罐体吸附在皮肤上，从而达到治疗的目的。医生常用的拔火罐下端开口，在使用火罐治疗时，首先将火罐内部的气体进行加热，然后迅速将火罐压在穴位上。随着温度的降低，火罐牢牢贴在皮肤上，罐内气体可视为理想气体。某次使用容积为 V_0 的拔火罐对患者进行拔罐，首先将气体从 300 K 加热到 400 K，按在皮肤上后，拔火罐内部的气体温度又降至 300 K。由于皮肤凸起，罐内气体体积变为罐容积的 $\frac{15}{16}$。

（1）点火升温过程中，罐内气体质量为什么会减少？

（2）加热后罐内气体质量和加热前罐内气体质量之比是多少？

（3）气体温度降至 300 K 时，罐内气体压强与刚按在皮肤上时罐内气体压强之比是多少？

火罐

图 1

参考答案

解：（1）拔火罐里气体温度升高，可以认为压强保持不变，由盖-吕萨克定律可以得到气体的体积增大，拔火罐内有部分气体逸出。

（2）对拔火罐内的气体，

初状态：$T_1 = 300\,\text{K}$，$V_1 = V_0$，

末状态：$T_2 = 400\,\text{K}$，$V_2 = ?$

根据盖–吕萨克定律可以得到 $\dfrac{V_1}{T_1} = \dfrac{V_2}{T_2}$，

解得 $V_2 = \dfrac{4}{3}V_0$，$\dfrac{m_1}{m_2} = \dfrac{V_1}{V_2} = \dfrac{3V_0}{4V_0} = \dfrac{3}{4}$。

故加热后拔火罐内气体质量和加热前罐内气体质量之比为 $\dfrac{3}{4}$。

（3）在温度降低过程中，对罐内气体，

初状态：$p_2 = p_0$，$T_2 = 400\,\text{K}$，$V_2 = V_0$，

末状态：$p_3 = ?$，$T_3 = 300\,\text{K}$，$V_3 = \dfrac{15}{16}V_0$，

根据理想气体状态方程可得 $\dfrac{p_2 V_2}{T_2} = \dfrac{p_3 V_3}{T_3}$，

解得 $\dfrac{p_3}{p_0} = \dfrac{4}{5}$。

故气体温度降至 $300\,\text{K}$ 时，罐内气体压强与刚按在皮肤上时罐内气体压强之比为 $\dfrac{4}{5}$。

二 典型错误

（一）错误类型一

解：（2）根据盖–吕萨克定律可得 $\dfrac{V_1}{T_1} = \dfrac{V_2}{T_2}$，

代入已知条件得 $\dfrac{V_0}{300} = \dfrac{V_0 + V_漏}{400}$，

解得 $V_漏 = \dfrac{V_0}{3}$，

因此可以得到 $V_0 - V_漏 = \dfrac{2}{3}V_0$，$\dfrac{m_后}{m_前} = \dfrac{2}{3}$。

> 以为加热前后气体的密度保持不变。

（二）错误类型二

解：（3）根据题目已知条件可知：

$p_2 = p_0$, $T_2 = 400\ \text{K}$, $\underline{\quad V_2 = \dfrac{4}{3}V_0, \quad}$

> 将加热后气体的总体积作为研究对象。

$p_3 = ?$, $T_3 = 300\ \text{K}$, $V_3 = \dfrac{15}{16}V_0$,

由理想气体状态方程可以得到 $\dfrac{p_2 V_2}{T_2} = \dfrac{p_3 V_3}{T_3}$,

即 $\dfrac{4}{3}\dfrac{p_2 V_0}{400} = \dfrac{15}{16}\dfrac{p_3 V_0}{300}$,

解得 $\dfrac{p_3}{p_2} = \dfrac{16}{15}$。

● 错误探析

（一）错误类型一访谈

师：计算过程中的 $\dfrac{2V_0}{3}$ 是怎么得到的？

生：罐内原来有气体 V_0，后来漏掉了 $\dfrac{V_0}{3}$，因此剩余 $\dfrac{2V_0}{3}$。

师：怎样判断得到质量之比的答案是 $\dfrac{2}{3}$？

生：根据 $m = \rho V$，其中 ρ 保持不变，所以质量之比是体积之比，为 $\dfrac{2}{3}$。

该学生可以利用盖-吕萨克定律得到溢出气体的体积为 $\dfrac{V_0}{3}$，然后用总的气体体积减去溢出气体的体积，得到剩余气体的体积为 $\dfrac{2V_0}{3}$。然而，这种方法没有考虑到加热前后气体密度的变化，只是简单笼统地进行了数学计算。

（二）错误类型二访谈

师：初态体积 $\dfrac{4V_0}{3}$ 是怎么计算出来的？

生：计算后得到加热后的体积是 $\dfrac{4V_0}{3}$。

师：第（3）小问的初态是从拔火罐的什么动作开始的？

生：从加热后体积为 $\dfrac{4V_0}{3}$ 开始。

访谈后发现，该学生在处理变质量问题时不能准确地选择研

图 2

究对象。面对真实情境下的气体问题时，学生无法利用等效法进行处理。他们的建模能力有限，无法在罐口画出"无弹性且可以自由扩张的气囊"这样的辅助图（如图2所示），因而无法对整个物理变化过程进行等效处理。

（四）素养目标

与解题正确的同学进行交谈，了解这些同学建立气体模型的过程，首先是对气体密度理解正确的同学进行的访谈。

师：你是如何判断加热前后气体密度的变化情况的？

生1：加热前，我们以罐内气体为研究对象。我们认为在加热过程中敞开的拔火罐内气体的压强是不变的。随着加热过程的进行，气体温度升高，体积增大。根据公式 $\rho = \dfrac{m}{V}$，可以得出气体的密度在减小。

生2：应该先画图，在罐口加一个无弹性气囊，以气囊和罐内气体为研究对象，分析被研究气体在物理变化过程中所符合的规律，即等压变化。确定初始和最终状态的温度和体积。根据盖-吕萨克定律列方程求解。通过对结果进行讨论，可以得出加热后气体的密度为一定值，因此质量与体积成正比。

用等效法来解题的难点在于如何将气体物理变化过程建立模型。拔罐是一个真实情境，可以将罐内气体的加热转化为罐内理想气体温度升高后，部分气体从罐内溢出，进而假设溢出的气体被"一个弹性可以忽略的气囊"包围着。这样可以利用容器和气囊将研究对象"关"在里面，把"气体质量变化"的问题转化为"气体质量不变"的问题，从而最终建立一个封闭的气体等压模型，如图3所示。

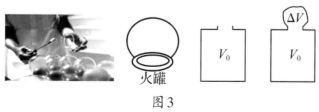

图3

下面是对加热后研究对象选择正确的学生的访谈。

师：加热后，你选择哪部分气体作为研究对象？为什么？

生：根据题目信息，加热后迅速将火罐压在穴位上，火罐温度降低后紧贴在皮肤上，此时罐内气体的体积为 V_0，另外 $\dfrac{V_0}{3}$ 的气体已经被隔绝在外。然后再降低温度，这部分气体已经密闭在罐内。研究对象的气体体积应该是 V_0。

画图是解决真实情境中气体变质量问题的关键。学生可以将拔火罐口上假设的气囊"割除"掉，溢出的 $\dfrac{V_0}{3}$ 气体就不再是接下来的研究对象，从而为解决下一个气体变化过程做好铺垫。

根据出错同学的素养水平确定教学起点，以正确同学的素养构成为蓝本，明确出错同学已有的素养水平和素养目标间的差距，设定本节内容的素养目标如下：

1. 通过分析气体变质量问题，会巧妙地选择合适的研究对象，可以把进入气体和原有气体作为研究对象，或以放出气体与剩余气体为研究对象。

2. 能够将变质量问题转化为定质量的气体问题，然后用理想气体状态方程求解。

五 纠正过程

任务1：利用演示实验，构建变质量气体模型

问题情境：在矿泉水瓶口套上一个保鲜袋，如图4所示，把瓶子放入热水当中，观察现象。

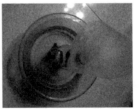

图4

问题和活动1：描述观察到的实验现象。

（塑料袋可视为无弹性气囊）

问题和活动2：分析产生观察到的实验现象的原因，说明气体质量、压强、温度、体积的变化情况。

任务2：解决真实情境下的抽气问题

问题情境：常见的拔罐还有抽气拔罐，其下端开口，上端留有抽气阀门。抽气拔罐是先将罐体按在皮肤上，再通过抽气降低罐内气体的压强。罐内气体可以视为理想气体。如图5所示，若用抽气拔罐，通过抽气后罐内气压变为原来罐内气压的 $\frac{4}{5}$，由于皮肤凸起，罐内气体体积也变为罐容器的 $\frac{15}{16}$，求应抽出气体的质量与抽气前罐内气体质量的比值。

图5

问题和活动1：画出抽气前后的示意图。

（皮肤凸起，无弹性气囊套在罐口）

问题和活动2：明确研究对象，选择研究过程。

（抽气前后气体总质量不变）

问题和活动3：确定状态参量，用理想气体状态方程求解。

（确定抽气前后的状态量：温度、体积、压强，根据理想气体状态方程求解）

任务3：解决真实情境下多次抽气问题

问题情境：若用抽气拔罐，橡胶抽气装置的容积为罐容器的 $\frac{1}{16}$，假设抽气过程中皮肤没有凸起，且气体温度不变，求抽气5次后罐容器内压强与抽气前罐容器压强的比值。

问题和活动1：画出抽气前后示意图。

（皮肤不凸起，无弹性气囊套在罐口）

问题和活动2：明确研究对象，选择研究过程。

（多次抽气前后总质量不变）

问题和活动3：确定状态参量，用理想气体状态方程求解。

（确定多次抽气前后的状态量：温度、体积、压强，根据理想气体状态方程求解）

六 反思提炼

在解决实际的气体变质量问题时，我们应该选取恰当的研究对象。将气体的变质量问题转化为定质量问题，然后用气体的实验定律列出表达式进行解题，也可以用气体状态方程的分态式求解。具体流程如图6所示：

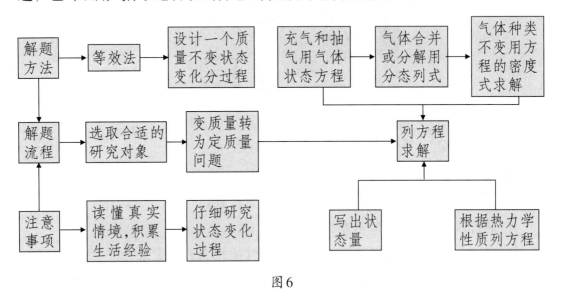

图6

七 针对练习

1. 负压病房是指病房内的气体压强略低于病房外的标准大气压的一种病房，即新鲜空气可以流进病房，而被污染的空气不会自行向外排出，必须由抽气系统抽出进行消毒处理。现简化某负压病房为一个可封闭的绝热空间，室内空气所占空间的体积为V_0，室内外气温均为$-3\ ℃$。首先将室内空气封闭并加热至$27\ ℃$；加热前室内空气的压强为标准大气压p_0，空气视为理想气体。

（1）此时病房内的气压为多少？

（2）为了使负压病房的气压达到$p = \dfrac{98}{99}p_0$，在使用前要先抽掉一部分空气。求需抽出的空气质量与原来空气质量的百分比以及抽出的空气排到室外降温后的体积。

2. 某兴趣小组要测量一实心玩具小熊（体积不会发生变化）的体积，但该玩具小熊不能接触水。他们使用如图7所示竖直放置的汽缸来测量。该汽缸导热性良好，内部的容积为V_0，内部各水平截面的半径相同；活塞的质量不能忽略，但厚度可以忽略不计，与汽缸内壁间的摩擦可以忽略不计，环境温度保持不变。测量步骤如下：

a. 将玩具小熊放置于汽缸外面，在汽缸口用活塞将汽缸内的空气封闭。当活塞稳定时，测得活塞距汽缸下底面的距离为汽缸内部高度的$\dfrac{3}{5}$。

b. 将活塞取出，将玩具小熊放入汽缸中，再在汽缸口用活塞将汽缸内的空气封闭，当活塞再次稳定时没有与玩具小熊接触，此时测得活塞距汽缸下底面的距离为汽缸内部高度的$\dfrac{4}{5}$。

（1）求该玩具小熊的体积。

（2）该兴趣小组在完成步骤b后，活塞上的挂钩变形损坏。为了取出活塞，他们通过汽缸上的打气孔向汽缸内充入外界气体，以使气体把活塞顶离汽缸。求至少需要充入的外界气体的体积。

图7

参考答案：1.（1）$\dfrac{10}{9}p_0$ （2）10.9%和$\dfrac{6}{55}V_0$ 2.（1）$\dfrac{1}{2}V_0$ （2）$\dfrac{1}{3}V_0$

在相似情境中进行比较时的列式问题

杭州市富阳区江南中学　王泳丹

诊断题目

　　如图1所示，水平地面上方的矩形区域内存在垂直纸面向里的匀强磁场。两个用相同材料、相同粗细的导线绕制的单匝闭合正方形线圈1和线圈2，其边长分别为L_1和L_2，且$L_1 = 2L_2$。它们从距磁场上界面高度h处由静止开始自由下落，逐渐完全进入磁场，最后落到地面。在运动过程中，线圈的平面始终保持在竖直平面内，且下边缘平行于磁场的上边界。设线圈1和线圈2落地时的速度大小分别为v_1和v_2，不计空气阻力，请比较v_1和v_2的大小。

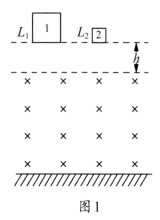

图1

一 参考答案

　　解：两线圈从同一高度下落，经过t_0时间，线圈下边界到达磁场上边界时具有相同的速度v_0。线圈部分进入磁场时切割磁感线产生感应电流，受到的竖直向上的安培力$F = \dfrac{B^2L^2v}{R}$，由牛顿第二定律$mg - F = ma$，代入$m = \rho_0 S \cdot 4L$，其中ρ_0为导线的密度，S为导线的横截面积；代入$R = \rho\dfrac{4L}{S}$，其中ρ为导线的电阻率。可以求得当线圈的下边界刚进入磁场时的加速度 $a = g - \dfrac{B^2 v}{16\rho\rho_0}$。

分析可知，由于线圈1和线圈2在进入磁场的过程中加速度大小相同，因此下落过程同步。由于当线圈2刚好全部进入磁场时，线圈1尚未全部进入磁场，并且线圈2全部进入磁场后做加速度为g的匀加速直线运动，而线圈1仍然做加速度小于g的变加速直线运动，直到完全进入磁场后，再做加速度为g的匀加速直线运动。从线圈2刚好全部进入磁场到线圈2落地的过程中，两线圈的下落位移相等，由v-t图（如图2所示）可知，落地时速度关系为$v_1 < v_2$。

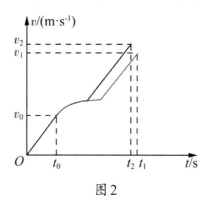

图 2

典型错误

（一）错误类型一

解：对线圈1分析如下：

> 只关注两线圈区别，并未找两个线圈之间的联系。

$$E_1 = BL_1 v, \quad I_1 = \frac{E_1}{R_1}, \quad F_1 = BI_1 L_1。$$

对线圈2分析如下：

$$E_2 = BL_2 v, \quad I_2 = \frac{E_2}{R_2}, \quad F_2 = BI_2 L_2。$$

（二）错误类型二

解：因两线圈进入磁场都受到安培力，分析如下：

$$F = \frac{B^2 L^2 v}{R}, \quad mg - F = ma, \quad a = g - \frac{B^2 L^2 v}{Rm}。$$

> 不知道应该用独立变量列式，也不知道质量和电阻之间有联系。

可得$m_1 > m_2$，故$a_1 > a_2$。

三 错误探析

（一）错误类型一访谈

以下是与无法寻找研究对象之间联系的学生的访谈。

师：请说明你计算两线圈速度的思路。

生：闭合线圈的一部分切割磁感线，产生感应电流，线圈受到向上的安培力。根据牛顿第二定律求加速度，再根据运动学公式求速度。

师：你为什么要把每个线圈中的电动势、电流、安培力都表示出来？

生：因为这是不同的线圈在下落，每一个都要分别进行研究。

师：你在解题中遇到了什么困难？

生：我觉得每个线圈都去求解实在是有点麻烦，大量的推导过程使得我来不及写出正确的表达式。

师：你有没有注意到题目中"两个用相同材料、相同粗细的导线绕制的单匝闭合正方形线圈"这句话？

生：没有，我只关注了两个线圈的边长之间的关系。

该学生的错误在于只关注了两个线圈的区别，并未探究它们之间的联系，导致需要进行大量推导，无法正确解题。

（二）错误类型二访谈

以下是与表达式中同时保留质量 m 和电阻 R 的学生的访谈。

师：请说明一下你的列式过程。

生：两线圈进入磁场都受到安培力，根据牛顿第二定律，可以求出加速度的表达式。

师：你的加速度表达式中同时出现了 m 和 R，你认为这是可以进行比较的最终表达式吗？

生：我不清楚进行比较的表达式需要满足什么条件。

师：你在解题时，是否思考过 m 和 R 在两个线圈中存在差异？

生：没有思考过，我只考虑用物理量来列出加速度表达式。

该学生的主要错误在于不明确最终表达式需要满足什么要求，同时未能发现物理量之间存在的隐含联系。

四 素养目标

与求解正确的学生交谈，了解并分析其解题过程。

师：看到多个研究对象时，你是如何思考的？

生：当题目中出现两个线圈时，我就非常谨慎了。为什么题目中有两个物体？当出现两个物体时，这两个物体是完全相同的吗？如果相同，出现两次就毫无意义。这两个物体之间有什么联系吗？这是必然的，否则出题者不会把它们放在一起。

师：很好，这其实就是思维，思维就是分析与综合。分析是把各个物体分开来研究，而综合则是寻找它们之间的联系。请具体说说你的解题思路。

生：我列出了两个物体都需要进行计算的表达式通式和可以求出加速度的表达式。而在表达式中，质量 m 的通式、电阻 R 的通式，都可以通过独立的变量即线圈长度 L 来表示。这样只含有独立变量的表达式才可以进行比较。

师：你为什么会想到写通式？

生：在万有引力相关的那一章中，经常会出现已知两天体质量的比值、半径的比值等，然后求两者第一宇宙速度之比等类型的题目。我由此得到启发：对于多个研究对象，最好找到它们之间的联系。有很多物理量在运算过程中可以被消掉，这样就大大减少了我们的计算量，节省时间。带电粒子在电场、磁场中运动的题目中也有类似的案例。

该学生能够将以往学过的知识进行类比，实现正向的知识迁移，展现了优秀的思维能力。在以往的学习中，两个物体出现在同一个情境下的案例有很多。我们要求学生书写通式，其目的是找出两者之间的区别和联系。然而，在解题过程中对表达式的要求未做过多强调，默认学生知道表达式的最终结果应只包含独立变量，因此对如何在表达式中进行比较未做更深入的分析。

根据出错同学的素养水平确定教学起点，以正确同学的素养构成为蓝本，明确出错同学已有的素养水平和素养目标间的差距，设定本节内容的素养目标如下：

1. 知道在相似情境中，需要明确两者的相同点和不同点。

2. 在具体应用时，通过分析物理量之间的关系，能够用独立变量列出需要进行比较的表达式。

🔟 纠正过程

任务1：寻找研究对象间的关联，描述其满足的物理规律

问题情境1：如图3所示，a、b两个闭合线圈由同型号的导线制成，匝数均为10匝，半径$r_a = 2r_b$，图示区域内有匀强磁场，且磁感应强度随时间均匀减小。

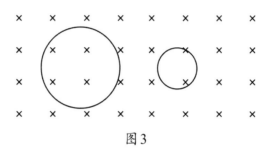

图3

问题和活动1：请直接描述图3中两线圈之间的相同点和不同点。

问题和活动2：分析讨论两线圈是否会产生电动势，电动势与哪些物理量有关。

问题情境2：图4为滑雪道的示意图，运动员从斜坡上的M点由静止自由滑下，经过水平段NP后飞入空中，再落回斜面PQ。现有两名滑雪运动员（均视为质点）从跳台P处先后沿水平方向向右飞出，其速度大小之比为$v_1 : v_2 = 3 : 1$。在不计空气阻力的情况下，两名运动员均落到斜面PQ上。

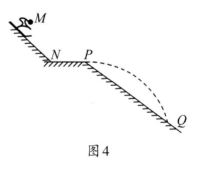

图4

问题和活动1：两名运动员的运动过程满足何种物理规律？

问题和活动2：两名运动员的运动过程有哪些不同点？

问题情境3：质谱仪工作原理如图5所示。

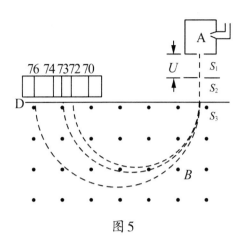

图5

问题和活动：分析不同的带电粒子在质谱仪中是否做相同规律的运动。在不同区域，分别做何种运动？

任务2：推导含有独立变量的物理表达式

问题情境：如图6所示，质子（$_1^1H$）和α粒子（$_2^4He$），以相同的初动能垂直射入偏转电场（不计粒子重力）。

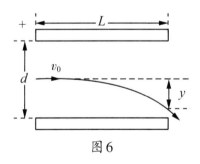

图6

问题和活动1：说出两粒子自身属性上具有的相同点和不同点。

问题和活动2：观察图6，分析两粒子进入电场后分别做何种运动。

问题和活动3：根据情境中所给的已知量，推导出偏转位移y的表达式。

（$y = \dfrac{UqL^2}{2dmv_0^2}$）

问题和活动4：通过观察y的表达式可以发现，其他物理量都相同，y与粒子的质量、速度、带电量有关。这些是否都是独立的、无关联的变量？

（质量和速度相互制约）

问题和活动5：找到表达式中相互制约的因素，替换成独立变量，书写最终的表达式。

$$(y = \frac{UqL^2}{4dE_{k0}})$$

问题和活动6：利用只含有独立变量的表达式（y 与 q 成正比），求出两偏转位移之比。

六 反思提炼

在相似情境中进行比较，需要寻找关键物理量的联系，并使用独立量进行列式。求解过程的一般流程如图7所示：

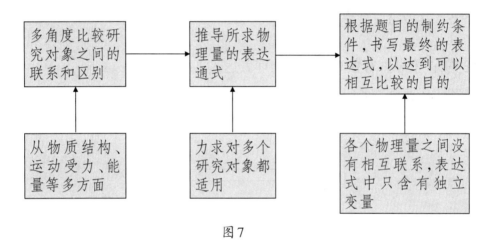

图7

七 针对练习

1. 火星半径是地球半径的一半，火星质量为地球质量的九分之一，忽略火星和地球自转的影响，问：

（1）火星表面的重力加速度与地球表面的重力加速度之比是多少？

（2）火星的第一宇宙速度与地球的第一宇宙速度之比是多少？

2. 由相同材料的导线绕成边长相同的甲、乙两个正方形闭合线圈，两线圈质量相等，但所用导线的横截面积不同，且甲线圈的匝数是乙线圈的2倍。现两线圈在竖直平面内从同一高度同时由静止开始下落，一段时间后进入一方向垂直于纸面的匀强磁场区域，磁场的上边界水平，如图8所示。不计空气阻力，已知下落过程中线圈始终平行于纸面，上、下边保持水平。在线圈下边进入磁场后，且上边进入磁场前，可能出现哪几种运动情况？

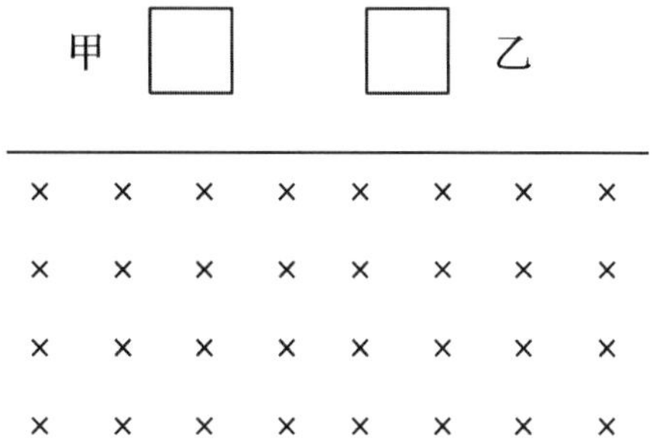

图8

参考答案：

1. （1）$\dfrac{4}{9}$　　（2）$\dfrac{\sqrt{2}}{3}$

2. 甲和乙运动情况完全同步。分类讨论，一共有五种情况：甲和乙都加速运动，甲和乙都减速运动，甲和乙都匀速运动，甲和乙都先减速后匀速，甲和乙都先加速后匀速

图书在版编目（CIP）数据

实证教学：高中物理典型错题诊断与纠正 / 何文明
主编 . -- 杭州：浙江教育出版社，2024. 11. -- ISBN
978-7-5722-8932-3

Ⅰ . G633.72

中国国家版本馆CIP数据核字第2024WL7466号

实证教学：高中物理典型错题诊断与纠正

SHIZHENG JIAOXUE：GAOZHONG WULI DIANXING CUOTI ZHENDUAN YU JIUZHENG

何文明　主编

- 出版发行　**浙江教育出版社**
  （杭州市环城北路177号　电话：0571-88900037、88900061）
- 责任编辑　冯　岩
- 文字编辑　蔡佳玲
- 责任校对　何　奕
- 责任印务　曹雨辰
- 封面设计　钟吉菲
- 图文制作　浙江新华图文制作有限公司

- 印　　刷　杭州日报报业集团盛元印务有限公司
- 开　　本　710mm×1000mm　1/16
- 印　　张　14.75
- 字　　数　295 000
- 版　　次　2024年11月第1版
- 印　　次　2024年11月第1次印刷
- 书　　号　ISBN 978-7-5722-8932-3
- 定　　价　75.00元

如发现印、装质量问题，请与承印厂联系，联系电话：0571-86909347